JULIO G

SOCIOLOGÍA DEL
TRABAJO Y POLÍTICA

ATUEL
Coleccion Punto Crítico

Colección: **Punto Crítico**

Tapa: *Bilousdiseño*
Diagramación: *Mari Suárez*

© ATUEL, 2001
Deán Funes 743
Buenos Aires, Argentina
Tel-fax: 4931-6542

ISBN 987-9006-84-4

Hecho el depósito que marca la ley 11.723

IMPRESO EN ARGENTINA
PRINTED IN ARGENTINA

SOCIOLOGÍA DEL TRABAJO Y POLÍTICA

INTRODUCCIÓN

1. ¿Qué relación existe ente la política y la sociología del trabajo? Esta última es una disciplina fundada como organizadora de distintos saberes sociolaborales particulares que, a su vez, son producto de las ciencias y técnicas aplicadas, a saber: la economía, la sociología de las organizaciones, la ingeniería de los procesos y los productos, la ergonomía, la salud ocupacional, el derecho laboral y de los sistemas de negociación laborales, la psicología social, la formación profesional y la capacitación de trabajadores, empresarios y gerentes, la demografía aplicada a los mercados de trabajo, etc. *La unidad interdisciplinaria que da consistencia al tejido de la sociología del trabajo se construye a través del conocimiento de su objeto, esto es, el mundo del trabajo.*

Los mercados de trabajo se dividen en externos e internos, si su objeto es el estudio de las relaciones laborales entre trabajadores y empleadores en función de la oferta y demanda de trabajo (externos) o si el objeto son normas laborales que regulan los procesos de trabajo en el interior de las empresas (internos) Los mercados de trabajo externos e internos son el resultado de diversos tipos de imbricaciones de relaciones sociales y técnicas. Los primeros expresan las relaciones de fuerza jurídico-políticas entre trabajadores y empresarios, los segundos las relaciones jurídico-laborales que regulan los procesos de entrada y cali da de los trabajadores a los mercados de trabajo externos y a los procesos de trabajo.[1]

La Sociología del Trabajo es una construcción teórica a la que han precedido, y coexisten con ella, otras disciplinas que compiten en el mismo campo teórico. Por ejemplo, la administración científica del trabajo, la sociología industrial, la sociología de las organizaciones, etc. La sociología del trabajo, por su origen nacional, es una disciplina fundada por especialistas franceses después de la Segunda Guerra Mundial.

Como hemos dicho, la Sociología del Trabajo es una disciplina tributaria de saberes y conocimientos de diversas ciencias y técnicas: estudia al trabajo como práctica socio-técnica a través de sus determinaciones económicas, sociolaborales, psicológicas, culturales que configuran el mundo de las empresas; y estudia al trabajo como relación social entre clases sociales. El doble aspecto teórico de la Sociología del Trabajo se ha construido inicialmente a partir de la relectura de los estudios sobre el trabajo realizados desde la economía y las empresas, los procesos de

---

[1] Las relaciones laborales en el sistema capitalista (y también en el socialismo) se institucionalizan a través de normas jurídicas, lo que ha dado lugar a la formación de una rama especial del derecho, el Derecho Laboral (nacional, regional e internacional). El Derecho Laboral es parte esencial del mundo del trabajo, en tanto regula las posiciones e intereses de las clases sociales en los mercados y procesos de trabajo. La legislación laboral se organiza a través de institutos de distintos niveles: contrato individual de trabajo, contrato colectivo de trabajo, códigos y leyes de trabajo. La Sociología del Trabajo incorpora a sus saberes los conocimientos del Derecho Laboral, dado que estos explicitan y formalizan las relaciones sociales y técnicas de producción existentes en los procesos y los mercados de trabajo. Pero esa incorporación sólo tiene por objeto, en nuestra disciplina, clasificar la naturaleza de las relaciones sociales y técnicas de producción en las distintas formaciones económico-sociales capitalistas (o socialistas). Por lo tanto, las referencias al Derecho Laboral en este texto han sido hechas sólo para describir algunos de los procesos laborales.

trabajo, las culturas del trabajo y la condición obrera, las prácticas socio-políticas del movimiento obrero, etc., que se inician en la segunda mitad del siglo XIX y se desarrollan como disciplinas específicas en la sociedad industrial entre fines de ese siglo y la primera mitad del siglo XX. El marxismo, apoyándose en los estudios sobre el trabajo de David Ricardo, es la teoría que organiza inicialmente el estudio del trabajo. La tradición marxista se inicia con los estudios de Federico Engels sobre el trabajo industrial en Inglaterra. En los marcos de la teoría marxista sobre el valor, las investigaciones de Engels se incorporan en las páginas dedicadas al trabajo fabril y al trabajo en la gran industria de *El Capital* de Carlos Marx. La denominada "condición obrera" es tema de estudio de diferentes teorías socialistas durante los años 1880-1914. Ciertos estudios no marxistas sobre el trabajo fueron introducidos en Rusia por Lenin luego de la Revolución de Octubre de 1917, ya sea para mejorar la performance laboral en las empresas (taylorismo), para montar empresas modernas (fordismo) o para desarrollar estructuras sindicales (sindicalismo industrial norteamericano). Pero el marxismo-leninismo (salvo acotaciones puntuales de Gramsci sobre el fordismo) mantuvo hasta la Segunda Guerra Mundial la tesis de que los estudios sobre el trabajo en los países industrializados sólo tenían como finalidad el disciplinamiento de la fuerza laboral por parte de los empresarios, es decir, servían para potenciar la "colaboración de clases" y promover el "sindicalismo tradeunionista". Las investigaciones sobre la clase obrera, en los llamados países del "socialismo realmente existente", serán encuadradas como secciones del materialismo histórico o de la economía marxista.

2. La sociología del trabajo es un producto teórico genuino del marxismo académico ante la evidencia en los países industrializados (y también en los países de desarrollo capitalista intermedio) de la solidez del tejido productivo en que se basa la civilización del capital, y en

consecuencia la importancia de estudiar las características específicas de la clase obrera y sus movimientos sociopolíticos en las sociedades industriales modernas.

Como hemos adelantado a comienzos de esta introducción, con la sociología del trabajo sucede lo mismo que con otras disciplinas establecidas a partir de un área de estudio definida (en este caso, el trabajo), pero que sólo puede organizarse científicamente como "agregación" y "síntesis" de conocimientos provenientes de diferentes disciplinas. El trabajo, como acto fundacional y de reproducción de las sociedades, está presente como elemento vital en la mayoría de las prácticas sociales (económicas, políticas, laborales, culturales, familiares, etc.). *Es imposible separar al concepto de trabajo de las prácticas que en su interrelación y realimentación dan lugar al tejido abstracto de los modos de producción y a los tejidos concretos en que los modos de producción coexisten históricamente en las sociedades bajo las formas de las formaciones económico-sociales y los diferentes tipos de empresas.* Por eso, para explicar al trabajo se requiere el concurso de diversos saberes específicos de la economía aplicada a los mercados de trabajo, de la función del Estado en la organización y regulación del trabajo, de los comportamientos laborales de colectivos de trabajadores e individuos y sus vínculos con las culturas y civilizaciones, etc. La sociología del trabajo es, como otras disciplinas, un territorio científico de diferentes saberes, técnicas e ideologías. Se considera a la obra de los investigadores marxistas franceses George Friedman y Pierre Naville, *Tratado de sociología del trabajo,* publicada en 1961, como el momento fundacional de la disciplina.[2]

En tanto tributaria del marxismo, la Sociología del Trabajo se constituye como una disciplina que debe responder a las demandas teóricas corrientes en los partidos socialistas y sindicatos, apremiados para elaborar científicamente

---

[2] George Friedman y Pierre Naville, *Tratado de sociología del trabajo,* México, Fondo de Cultura Económica, 1971.

sus plataformas sociolaborales en los países capitalistas desarrollados. En tanto construcción teórica autónoma, debió dar cuenta de los conocimientos sobre el trabajo generado por disciplinas construidas a partir de corrientes sociológicas no marxistas, tributarias ya sea de la sociología organicista (Durkheim), de la sociología de las instituciones (Weber), de la psicología social (Mayo) o de la administración científica del trabajo (Taylor), para citar a las más importantes. En todos los casos esas corrientes sociológicas no marxistas buscan readaptar la fuerza laboral del impacto de la segunda revolución industrial sobre el trabajo. Por eso, se desarrollan entre 1900 y 1920 en el interior del escenario productivo del fordismo.

En el mismo momento de su acto fundacional, la sociología del trabajo registra el hecho de que el capital no ha sucumbido frente a la profecía marxista del colapso inevitable del capitalismo, y que por el contrario continúa un proceso de "autorrevoluciones" a través de la aplicación incesante de los cambios tecnológicos a los procesos de trabajo. Estamos ya en la postguerra, en la década del cincuenta del siglo pasado. La fórmula clásica sobe la clase obrera, clase "en sí" que deviene inevitablemente en clase "para sí", anunciando el momento revolucionario, se convierte en una frase hueca frente al despliegue del fordismo como producción en masa y ante la formación del Estado de Bienestar y la negociación social, estos dos últimos como productos socio-políticos del keynesianismo. El período histórico que abarca los "30 años gloriosos" (1945-1975), el período en que se constituyó la sociología del trabajo.

3. La sociología del trabajo, como disciplina sociológica, es un resultado de los estudios sobre el trabajo en la sociedad industrial. Se despliega hacia el futuro preanunciando la sociedad "postindustrial" que comienza a emerger a partir de la década de los setenta. Pero también contiene un movimiento teórico hacia el pasado, para reconstruir como componente de estudios de historia social la evolución de

las distintas formas de trabajar desde los orígenes de la humanidad hasta el presente.

La sociología del trabajo fue en su fundación, como hemos dicho, una construcción teórica del marxismo "no oficial", que recluido en el mundo académico mostró una extraordinaria capacidad para dialogar con las corrientes sociológicas no marxistas. Estas contribuyen con conocimientos originales, derivados de investigaciones empíricas que dan cuenta del mundo real del trabajo en el capitalismo. La sociología del trabajo, como hemos dicho, encuentra interlocutores en el mundo político del socialismo: son los partidos socialistas y socialdemócratas fuertemente arraigados en el movimiento obrero europeo, o la excepcionalidad "eurocomunista" del Partido Comunista Italiano. Estas permitieron a la sociología del trabajo instalar un diálogo inicial con la política socialista. En algunos países periféricos, en los que se desarrollaba entre 1950 y 1970 el proceso de industrialización por sustituciones de importaciones, bajo la hegemonía en el Estado de partidos políticos policlasistas, la sociología del trabajo encontró nichos para desarrollarse en medios académicos, especialmente en países de América Latina (Argentina, Brasil, México y Venezuela).

La política de las mencionadas izquierdas se hizo cargo de la sociología del trabajo durante los "treinta años gloriosos" del mismo modo que los partidos conservadores reformistas ya se habían hecho cargo en la década de los veinte de las ideas de la "administración científica del trabajo". Pero como hemos adelantado no se trataba de cualquier tipo de política de izquierda. Se trata de una visión de la política que bucea hacia el interior de las relaciones sociales y técnicas capitalistas rechazando las simplificaciones del materialismo histórico soviético o las interpelaciones ramplonas de las corrientes socialdemócratas que habían "descubierto" súbitamente que para el establishment el progreso histórico estaba sujeto al crecimiento cuantitativo de la "productividad del trabajo" y la "paz laboral".

4. El proceso de constitución de la sociología del trabajo coincide en los años setenta con el inicio de la descomposición del llamado sistema del socialismo real en la URSS y en los demás países del Pacto de Varsovia y con el fin del impulso histórico del maoísmo en China. Es un período de desorganización de los mitos construidos sobre revoluciones que desembocaron en los callejones sin salida de sistemas socio-políticos inmovilistas (el stalinismo), o en utopías colectivistas inviables (maoísmo). Como era inevitable, la desazón por estas experiencias negativas se generaliza en el mundo político-intelectual de las izquierdas, incluyendo a núcleos de la *intelligentsia* que eran críticos de esos "socialismos" pero que habían vivido con la ilusión vana de su transformación y sobrevivencia. La guerra popular revolucionaria en Indochina, la solitaria resistencia de Cuba socialista y las experiencias indefinidas de los llamados "socialismos africanos" en el contexto de crisis del stalinismo y el maoísmo sólo alcanzaban para demostrar que el marxismo-leninismo era cada vez más marginal como línea de la historia.

A fines de los setenta, la joven sociología del trabajo se vio enfrentada con fenómenos sumamente estimulantes para sus estudios, a saber, el inicio de la resistencia de la clase obrera en Gdansk, Polonia, con la subsiguiente formación del movimiento sindical Solidaridad, y la reestructuración del movimiento sindical oficial en Hungría como adaptación al nuevo curso de socialismo de mercado y establecimiento de espacios políticos democráticos. Esto estimula los estudios sobre la vitalidad de los movimientos sindicales en la URSS y los países del Este europeo, estudios que darán las primeras pistas sobre la futura crisis del aparato sindical oficial en la URSS con la salida a la superficie de movimientos de protesta obreros contenidos durante décadas y con el consiguiente reclamo de la autonomía sindical. También se inscribe en el proceso de resistencia sindical socio-política la formación en España del Movimiento de Comisiones Obreras liderado por el clandestino Partido

Comunista de España, y que se funda dentro de los sindicatos corporativos del franquismo; el despliegue de nuevas formas de acción sindical autónomas en el norte de Italia, que dará lugar a la elaboración en ese país de teorías sobre los nuevos roles del movimiento sindical en las empresas enfrentados al desafío de canalizar las demandas del paso del obrero-masa del fordismo al "obrero social",[3] y por último la constatación de que está en curso una profunda transformación productiva y la constitución de la sociedad postindustrial por el impacto de la tercera revolución tecnológica con eje en la informática y la robótica, sobre el mundo del trabajo en los países desarrollados y en algunos del Tercer Mudo. *Así, estos nuevos fenómenos laborales y sindicales* (sobre los que damos cuenta sólo esquemáticamente) *al reformular los estudios sobre los movimientos obreros, estimulan al mismo tiempo el establecimiento de nuevas relaciones entre la política como articulación de distintas modalidades de acción obrera y la investigación teórico-empírica de los cambios técnicos y sociolaborales en el mundo del trabajo y en las empresas.*

5. Existe un concepto clave en esta disciplina: *el mundo del trabajo.* El concepto es formulado inicialmente a principios del siglo XIX para dar cuenta de la realidad del "mundo de los trabajadores", pero en su desarrollo teórico termina por abarcar también al mundo cultural y profesional de los empresarios, a las empresas y a los gerentes. De allí se avanza hacia colocar al estudio de empresas como el núcleo territorial de los estudios sobre el trabajo. La Organización Internacional del Trabajo (OIT) legitimó institucionalmente la versión definitiva del concepto.

Hasta que se hizo evidente que el capitalismo estaba fundado en un nuevo tipo de economía y de sociedad —la "nueva economía" y la sociedad postindustrial informatizada— persistieron los equívocos y las ambivalencias sobre el concepto

---

[3] Antonio Negri, *Del obrero masa al obrero social,* Barcelona, Anagrama, 1980.

del mundo del trabajo. Pero cuando esa mutación histórica se hizo evidente —a mediados de los años ochenta— recién entonces el concepto amplio del mundo del trabajo puede integrar y subsumir a la versión del mundo de los trabajadores. Ahora el escenario sociolaboral está siendo diseñado por la economía del mercado, por el impacto de los cambios tecnológicos sobre el empleo (aumentando la productividad del trabajo y al mismo tiempo provocando el desempleo tecnológico) y la percepción de que el agotamiento del fordismo empalmaba en escala mundial con el agotamiento de los sistemas económicos de los países periféricos. Súbitamente emerge una nueva realidad sociolaboral diversificada, cuyos extremos son por un lado la transformación de las empresas (simplificada en la fórmula del "toyotismo") y la matriz laboral de la "sociedad de la información", que desplazan los viejos valores de la estabilidad laboral por las nuevas formas de contratación temporales y sistemas de remuneraciones por productividad, y por otro el desempleo y subempleo masivo en los países periféricos por desarticulación de las estructuras productivas y la transformación de estos países del sector informal de la economía como la principal fuente de empleo y trabajo. Como se intenta demostrar en este libro, *esta nueva realidad sociolaboral diversificada conceptualizada apresuradamente como "fin del trabajo" es más bien la antesala histórica dolorosa y prolongada del nacimiento de sociedades basadas en el trabajo "para todos", en las que el trabajo asalariado será sólo un componente, y en sistemas económicos en red.* Pero difícilmente se podrá incidir sobre estos cambios de época simbolizados en la palabra "globalización" si no se acepta que la "nueva economía" o "economía del ciberespacio" es el núcleo duro de la presente "autorrevolución del capital", y que configurará en las próximas décadas a los sistemas económicos y mercados de trabajo en escala mundial.

6. Este libro ha sido estructurado en tres capítulos y las conclusiones. El primer capítulo analiza sucintamente los principales ámbitos en los que se configuran los mercados

de trabajo y los comportamientos socio-políticos de las clases sociales: la economía, la cultura y los organizadores de los sistemas jurídico-laborales. Se pone énfasis en este capítulo en destacar el carácter estratégico de la llamada "nueva economía", que esta reorganizando en escala mundial a los sistemas económicos o "economía real". La nueva economía es el núcleo de lo que en esta obra denominamos "autorrevolución del capital", que es la combinación de la tercera revolución tecnológica, con eje en la informática, con la segunda ola de mundialización capitalista de la economía iniciada en los años setenta del siglo pasado, esto es, la "globalización". La autorrevolución del capital ha producido un cambio sustancial en el funcionamiento de los mercados de trabajo y en la organización de las empresas.

El segundo capítulo nos introduce en el mundo del trabajo y sus transformaciones por el impacto de la "autorrevolución del capital". Se trata de una realidad sociolaboral sumamente compleja, porque coexisten dificultosamente dentro de ella nuevas y viejas formas de producción y trabajar. Los escenarios sociolaborales son diferentes, e incluyen las nuevas formas de trabajar (toyotismo), el pasado pero también presente del fordismo y la existencia de sectores de la economía real de baja productividad y modalidades de organizaciones empresarias pre-capitalistas dominantes en los países del Sur, esto es, la llamada economía informal urbana y las empresas familiares campesinas. En este capítulo se disgrega el concepto de desempleo, dado que, dicho resumidamente, en unos casos es el resultado de las transformaciones productivas por el impacto de la autorrevolución del capital sobre las empresas, y en otros es el resultado del bloqueo a la expansión y modernización de las estructuras económicas, que en los países del Sur se manifiestan como restricciones estructurales al crecimiento del trabajo en general (dentro del cual el empleo asalariado es un componente). En este capítulo, al tiempo que se reconoce el fin de la sociedad salarial, se estudian las tendencias tecno-productivas que se abren paso en pugna con la autorrevolución del capital y en búsqueda de una nueva sociedad del trabajo. Esas tendencias tecno-productivas se manifiestan en el plano político-laboral a través de nuevas políticas laborales y sindicales para las empresas y la organización del trabajo en los marcos de la mundialización de la economía.

El tercer capítulo ha sido organizado para explicitar cómo se manifiesta actualmente la relación entre política y sociología del trabajo en las nuevas condiciones establecidas por la "autorrevolución del capital". Por eso este capítulo incluye componentes aparentemente autónomas (a saber, calificaciones, competencias y poder en la empresa; las empresas y los sistemas laborales como productores de culturas, la teoría de la organización y la cooperación interempresarial en red; los sindicatos), pero que en realidad son las determinaciones técnicas concretas que permiten descubrir y hacer visibles las relaciones sociales (trabajo abstracto) entre las clases sociales que se configuran en los procesos de trabajo. La sociología del trabajo pudo explicitar desde sus inicios la diferencia entre trabajo concreto y trabajo abstracto porque, como se estudia en este capítulo, fue pensada desde sus inicios como saberes concurrentes con la política. La política es progresista sólo si fundamenta acciones en la construcción de sociedades basadas en el trabajo. A esta decisión teórica ha aportado la sociología del trabajo desde su fundación, como se analiza en este capítulo.

Por último, las conclusiones pretenden descubrir el cuadro teórico de una disciplina en la que concurren y son sometidos a relectura distintos saberes. En el texto se da cuenta de la diversidad de esos saberes que concurren en la sociología del trabajo. Pero en las conclusiones se seleccionan aquellos que más fácilmente conducen a dilucidar la particular relación entre política y sociología del trabajo. Se dedican las primeras páginas de las conclusiones a la economía, los estudios interdisciplinarios sobre los mercados de trabajo, las diferentes formas de organización del trabajo y la empresa como territorio en disputa y cooperación entre asalariados y empresarios como "saberes fundacionales" en la sociología del trabajo. Pero estas conclusiones estarían teñidas de economicismo si no incluyesen ideas sobre la relación interna entre sociología del trabajo y política. Esta relación, naturalmente, depende de la disposición de las instituciones académicas de vincularse con las instituciones que organizan la acción socio-política (partidos, sindicatos, movimientos sociales, etc.). Pero, ante todo, depende de si esas instituciones socio-políticas conciben la política como articulación cultural de prácticas sociales y técnicas.

En las conclusiones se describen sucintamente los requisitos que la sociología del trabajo debe exigir a la política —en primer lugar, a los partidos políticos— para que estén habilitados para procesar las líneas de fuerza de progreso que se originan en el mundo del trabajo, y que nuestra disciplina organiza teóricamente. Ahora se entiende por qué la política es progresista si plantea alcanzar una nueva sociedad del trabajo (como lo hizo en el pasado, por ejemplo, durante las revoluciones norteamericana y francesa en el siglo XVIII). Pero ello no basta: la política sólo puede hacerse cargo de los productos de la sociología del trabajo si lucha contra la concepción instrumental de la política como "sociedad de los políticos" y retoma la tradición progresista de considerar a la política como "gobierno del pueblo", lo que obliga a considerar al mundo del trabajo como el fundamento último de la política, como herramienta de transformación.

La política estimuló la fundación y el desarrollo de la sociología del trabajo como disciplina. Pero entendiendo la política en el sentido de Antonio Gramsci, como filosofía, esto es, como organización de prácticas sociales de las clases subalternas y como método de unificación de diferentes saberes. La política estimuló a la sociología del trabajo, porque la necesitaba para la construcción de los fundamentos simbólicos y programáticos de una nueva perspectiva progresista para el mundo del trabajo.

Julio Godio
julio 2001

Capítulo I

NUEVA ECONOMÍA Y ECONOMÍA REAL: LA REESTRUCTURACIÓN DE LAS EMPRESAS Y LOS MERCADOS

1. La nueva economía como "era del acceso"

Con la aparición de la "nueva economía", que es el núcleo duro de una "autorrevolución del capital", el papel de la propiedad está cambiando. La propiedad privada capitalista —bajo diversas modalidades (familiar, accionaria, etc.)— y los mercados abstractos de bienes y servicios son la base de las relaciones capitalistas de producción.[4] Vivimos bajo la mano invisible de los mercados. El sistema capitalista produce y reproduce los procesos de adquirir y acumular propiedades, lo que constituye la base socioeconómica del poder sobre los que no tienen propiedades sustantivas (medios de producción que realizan el producto bajo las formas de ganancia o renta). Las ideas sobre la libertad en el capitalismo se concretan en la política a través de la democracia política, pero su sustento último es la vigencia de un contrato social que obliga a convivir y aceptar posiciones sociales según las relaciones entre las clases y el régimen de propiedad (Castells, 1999).

---

[4] La palabra mercado es de origen inglés. Aparece en el siglo XII y hace referencia al espacio físico de concurrencia entre vendedores y compradores que intercambian bienes.

Sin embargo, superponiéndose a esa relación social basada en la propiedad privada tradicional, emerge otra forma de propiedad que estructura la nueva economía: el *leasing*. Ahora el intercambio de propiedades entre comprador y vendedor se define por las capacidades de acceso a la economía-red. En ésta lo determinante es el conocimiento o capital intelectual que es el motor del capitalismo. La imaginación y la creatividad subordinan a la propiedad física. Los proveedores de conocimiento lo arriendan bajo la forma de licencias. Las empresas valen según niveles de inserción en los accesos, esto es, las empresas "piden a préstamo la mayor parte de todo lo que se necesita para llevar adelante el aspecto físico del negocio" (Rifkin, 2000).

El mercado es ahora un lugar de transacciones entre suministradores y usuarios. Las empresas agrupan sus recursos colectivos creando amplias redes de suministradores y usuarios. Naturalmente este proceso se reinstala en el régimen capitalista a través de la concentración del poder económico en manos de muy pocas corporaciones. Los suministradores acumulan el capital intelectual y ejercen el control sobre las condiciones y términos de acceso de los usuarios a los mercados. Los monopolios permiten establecer relaciones comerciales "planificadas" de largo lazo, pueden malvender un tiempo sus productos para despejar del mercado a la competencia y establecer las relaciones de servicio con los usuarios de largo plazo.

Es importante también destacar que está cambiando el comportamiento de los consumidores: ahora les resulta obsoleta la idea tradicional de propiedad en un contexto de innovaciones tecnológicas que la vuelven anticuada, porque deja de tener sentido retener cuando lo dominante es el cambio constante. Pero los bienes pueden ser limitados por el tiempo y el cambio, no así la estabilidad de la red de proveedores, que aumenta cuanto más concentrada es la propiedad. El mundo se va reestructurando en torno a las relaciones de acceso y no por la pequeña propiedad. Esas nuevas relacio-

18

nes —de consolidarse bajo la hegemonía del gran capital— terminarían por edificar sociedades controladas por suministradores de servicios y bienes, y la nueva cultura hegemónica tendría como signo la nueva relación de dominación. Se trata de conformar sociedades hipercapitalistas. El mundo de Walt Disney se universaliza bajo la forma de comercialización de experiencias culturales: turismo, ciudades temáticas, el ocio dirigido, los deportes profesionales, la música, el cine, la televisión y los mundos virtuales del ciberespacio y los juegos electrónicos. Es el pasaje del capitalismo industrial al capitalismo cultural, el pasaje de la ética del trabajo a la ética del consumo cultural, con nuevos ritos y actividades. Las compañías multinacionales van incorporando los medios de comunicación para dotar de consenso popular al hipercapitalismo: las redes informáticas son la herramienta principal para concretar ese objetivo estratégico. Surgen así nuevos gigantes empresarios hegemónicos: Viacom, Time Warner, Disney, Sony, Microsoft, General Electrics y otras. Las compañías multinacionales de medios de comunicación articulan ideológicamente al proceso de organización simbólica de la nueva economía, extendiéndose por todos los países y dando una nueva direccionalidad político-cultural a los recursos y productos culturales de naciones y regiones. El proceso de dominación por el acceso avanza inicialmente sobre las capas superiores de las sociedades; así, el 20% de la población más rica ya gasta entre el 40 y el 50% de sus ingresos en acceder a nuevos bienes culturales.

Estamos viviendo en una nueva fase de desarrollo capitalista que culmina el proceso iniciado desde hace varias décadas de desplazamiento de la producción manufacturera a la producción de servicios. Ahora, el núcleo duro de los servicios es ampliar el comercio a través de la producción cultural. La comercialización de los bienes culturales y el acceso es un estadio superior de las relaciones económicas establecidas por el capitalismo. Este proceso subsu

19

me y reestructura el trabajo y el empleo, en tanto el software y el wetware reemplazan al trabajo humano al permitir que máquinas inteligentes lo realicen. En el futuro, a partir del 2050, el 5% de la población podrá mantener el funcionamiento de las empresas industriales. Las empresas de la nueva economía funcionarán casi sin fuerza laboral.

La nueva economía, en sus momentos fundacionales, en las últimas dos décadas del siglo pasado, se desarrolla a través de la desregulación de los servicios públicos. Así, se incorporaron al mercado parcelas enteras de lo público (transportes, servicios públicos, telecomunicaciones). Este proceso se desarrolla ahora en los países periféricos. La meta política es mercantilizar la cultura para cerrar el sistema de dominación. El resultado final será subsumir a las sociedades en diversos tipos de asociaciones y redes de acceso que transforman todo tiempo en tiempo cultural. Es la era del acceso con los mercados en redes y la reorganización del concepto de propiedad física en las propiedades del acceso. Los jóvenes con capacidades de acceso se adaptan con facilidad a este nuevo mundo del acceso del comercio electrónico, el ciberespacio y los mundos simulados. Retomando una idea anterior, los jóvenes "con acceso" se alejan de la ética del trabajo y se sumergen en las nuevas profesiones informatizadas de la economía: está naciendo la llamada "generación puntocom", formada delante de las pantallas de los ordenadores en *chat rooms*, con mundos culturales fragmentados por vivir en una sucesión de escenarios cambkantes, en los que lo tuyo y lo mío se diluyen, lo mismo que los grandes sistemas ideológicos, en la participación en los sistemas de comunicación sustentados en la tecnología informática.

Se trata de un proceso paradójico: mientras el 20% de la población del mundo se va instalando en las relaciones de acceso, el 80% restante se ve atrapado entre la escasez y la pobreza. Este 80% todavía aspira a democratizar el acceso a la propiedad, pero está fuera del acceso a los cables de fibra óptica, de las conexiones por satélite, el ordenador, los teléfonos móviles y las redes del ciberespacio. Por ejemplo, la mitad de la población del mundo no ha utilizado nunca el teléfono. La brecha entre los conectados y los desconectados es inmensa y duradera, creándose así un espacio singular para la política como organizadora de sociedades separadas por inclusión o exclusión en la nueva economía. El "*access*", hasta hace algunas décadas un verbo de acción limitada, ahora es un verbo usado cotidianamente como articulador de los hombres con la nueva economía; pronto se transformará en la cualidad dominante de "nuevos ciudadanos" que dotarán de sus intereses al mismo concepto de democracia (Bourdieu y Wacquant, 2000).

El mundo parece una especie de sistema nervioso global: la microelectrónica, los ordenadores y las telecomunicaciones han formado una red integrada de comunicaciones. Esta red tecnológica es lo que hace posible las nueva economías. El comercio se traslada de la geografía al ciberespacio: los compradores y vendedores intercambian bienes físicos y servicios en los mercados tradicionales, en el ciberespacio los servidores y los clientes intercambian información, conocimiento, experiencias. El acceso es poder. Internet es un barómetro del poder. Internet fue creado por el Pentágono en los años sesenta para compartir ordenadores entre trabajadores separados espacial y temporalmente, y para centralizar las operaciones de comunicación. Se crea el ordenador patrón (1969). Se crean nuevos superordenadores para coordinar centros científicos, oficinas gubernamentales y redes empresariales privadas (Miller, 1996). En el 2000, 200 millones tienen acceso a Internet en todo el mundo, para el 2005 serán mil millones.

La conectividad es la base de la economía en red. Se trata de un proceso incontenible, que derriba las viejas paredes de las economías autárquicas y cerradas. Las empresas se conectan por encima de las fronteras nacionales y el éxito depende de las relaciones recíprocas que optimizan los negocios (Reich, 2000).

Manuel Castells identifica cinco tipos especiales de redes en la nueva economía: redes de suministradores (las firmas subcontratan operaciones desde diseños a producciones), redes de productores (compañías que agrupan sus capacidades de producción, recursos financieros y recursos humanos para ampliar la oferta de productos y servicios ampliando la geografía comercial reduciendo riesgos), redes de clientes (que agrupan a fabricantes, distribuidores, usuarios); coaliciones entre empresas para mejorar los patrones técnicos y redes de cooperación tecnológicas que permiten a las empresas compartir experiencias y conocimientos valiosos para potenciar las líneas de producción (Castells, 1999). El ciclo de vida de los productos es corto por el incremento de la innovación y los cambios tecnológicos La capacidad de los ordenadores y procesadores aumenta mientras que los recios de estas "mercancías" disminuyen constantemente: hace una década un ordenador personal costaba US$ 3000, hoy no llega a US$ 1000.

Los costos de investigación continua son para mejorar los componentes de información, pero los costos de incorporar a la línea de producción la nueva información son bajos: por ejemplo la Chrysler necesitaba en los '50 dos años para desarrollar un nuevo modelo de automóvil pero a fines de los setenta necesitaba 54 meses y 3.100 personas ocupadas para desarrollar un automóvil, y en el 2000 lo hace en 33 meses con 7000 personas. Este ejemplo se repite en otras ramas de la economía. A su vez diversos productos electromecánicos (máquinas de escribir, componentes eléctricos, sistemas de control de automóviles, etc.) que antes duraban décadas, hoy duran entre tres y cinco años. Como dijo Nathan Myhrvold, Jefe de la sección tecnológica de Microsoft, "no importa lo bueno que sean los productos, solamente tienen dieciocho meses para que se estropeen o fallen" (Rifkin, 2000). Para decirlo en otros términos: "las economías de velocidad sustituyen a las economías de escala". (Toffler, 1994)

La reducción de los procesos y los ciclos de vida de los

productos permite entender la descripción de Castells sobre las redes: la cooperación entre empresas es básica para financiar investigaciones complejas, lo mismo que lanzar nuevas líneas de productos en la volátil y acelerada economía del ciberespacio (Rifkin, 2000). Las redes son flexibles para enfrentar las demandas de la "economía de variedad", permitiendo a los socios responder rápidamente a los cambios en los mercados y contar con capacidades para generar nuevas ideas, nuevos planes de acción, etc. Es posible concluir que la nueva economía en red modifica sustancialmente al tipo de organización pensado por Max Weber como estructuras fijas, con reglas y procedimientos establecidos, dando lugar a empresas "proteicas", dado que en el ciberespacio las fronteras caen, los procesos reemplazan las estructuras fijas y la organización flexibiliza, aunque la estructura de los mercados sea estable. Las redes actúan como "fragmentos" de empresas que se asocian para explotar oportunidades de mercado. La mayor preocupación de una empresa moderna —incluidas las PyMES— consistirá de ahora en más en entrar a redes y relaciones comerciales.

El carácter físico de la economía en los países industrializados se reduce. La era industrial se caracteriza por la acumulación de capital y de propiedad física. La nueva era se caracteriza por las formas intangibles de países que se presentan en paquetes de información y activos intelectuales. Así, el ordenador personal de IBM de 1981 pesaba 20,1 Kg., el Macintosh 5300 de 1995 pesa 2,8 Kg. Se reducen los bienes inmobiliarios y las oficinas en red generan espacios sociales en que los empleados trabajan juntos y se sustituyen el espacio privado, aumentando la productividad del trabajo. Los trabajadores lo hacen con teléfonos móviles y ordenadores portátiles que permiten trabajar en la casa. Por último, las empresas reducen sus estructuras organizativas y personal, incorporando tecnologías inteligentes.

Los activos físicos de propiedad se reducen: los inventarios que ayer insumían grandes depósitos ahora son sustituidos por terminales electrónicas que transmiten información que moviliza a los suministradores, quienes en horas elaboran los productos y los distribuyen. Tomemos otro caso: música que ahora se distribuye digitalmente mediante Internet y que se espera que en el 2010 supere a todas las ventas del sector. La transmisión electrónica de los productos musicales es otro de los ejemplos del "capitalismo ingrávido" (Rifkin, 2000). Es la compra *on line*. Las compras electrónicas de variedad de productos por tarjeta de crédito crecen y reducen el número de tiendas. La cultura del automóvil y las autopistas para llegar al supermercado irá perdiendo su importancia. Los inmuebles se transforman en una carga. El dinero se vuelve inmaterial al transmitirse por las autopistas de fibra óptica, disminuyendo su importancia como pago efectivo. Surge el *soft bank* (flexible e informático), que es accesible en cualquier tiempo y espacio para todas las operaciones antes monetarizadas. La moneda, en su forma física, será una rareza en una era que prioriza la rápida circulación de mercancías y no la acumulación. La tarjeta de crédito acelera la crisis del ahorro personal.

Se concreta así la desmaterialización de la propiedad y el dinero: se reducen los espacios de trabajo individuales, se suprimen los stocks, se achica el capital inmobiliario y van desapareciendo los ahorros personales. El mercado subsume así las viejas relaciones de propiedad y de distribución en el capitalismo.

La tendencia actual entre economistas y administradores es que las empresas deben evitar acumular capital físico que no sea nuclear a la organización, dado que se convierte en capital muerto. Es sustituido por el "capital al instante", es decir que se abre paso el "alquiler de activos". Se supera al capitalismo industrial y la economía mercantil de los siglos XVI y XVII. El capital físico se alquila en forma de *leasing*: equipo industrial y de oficinas, medios de transporte, bienes inmobiliarios, maquinaria, etc. En EE.UU. en los noventa, el 80% de las empresas arriendan sus equipos a alguna de las

2.000 empresas de *leasing*. (Vazelle, 1993) Las empresas optan por el *leasing* porque aumenta su flexibilidad frente a los mercados de variedad y sus rápidas mutaciones. La industria del *leasing* se ha universalizado bajo diversas variantes, en particular la venta con alquiler posterior. La constitución del "capital al instante" se articula con la externalización en la economía en red: las empresas se deshacen de activos físicos y funciones conectando sus operaciones con equipos de bienes y servicios, proceso que se facilita por las nuevas tecnologías informáticas. Tres de cada diez empresas industriales externalizan en EE.UU. más de la mitad de su actividad productiva. En Japón, el 60% de las empresas ezternalizan sus actividades. Nacen en el sector industrial las llamadas "supercontratistas", que son gigantescas estructuras que administran fábricas y controlan redes de suministros: por ejemplo, Nike es la primera empresa mundial fabricante de calzado que no posee ninguna fábrica, sino una amplia red de proveedores en Asia, denominados "socios de producción". Nike es un estudio de investigación y diseño que produce, distribuye y organiza campañas de publicidad a través de diversos "socios". Nike sólo vende "conceptos". Al mismo tiempo, como empresa descentralizada, se apoya en empresas de servicios autónomas que eluden las legislaciones laborales, dada la imposibilidad de los trabajadores de sindicalizarse y organizarse en el interior de una sola empresa. Son trabajadores de Nike pero en una diáspora de empresas. En Asia suman 500.000. Sufren abusos físicos y sexuales. En 1998 Nike ganó, sólo en EE.UU., 4.000 millones de dólares, pero los trabajadores ocupados en Nike en Vietnam cobraban entre 1,60 y 2,25 dólares al día.

2. Un nuevo concepto de propiedad

El capitalismo desarrollado se está reinventando a sí mismo en forma de redes y deja atrás a los mercados. En la economía en red existe la propiedad en todas sus formas, pero el núcleo central es la relación entre proveedores y usuarios. El acceso a la propiedad es más importante que la adquisición y la propiedad a largo plazo: se accede a la propiedad sin comprarla. La propiedad tangible es"sustituida por la propiedad de intangibles. Esta se manifiesta en forma de patentes, propiedad intelectual, marcas registradas, relaciones comerciales. Se forja un nuevo poder, compuesto por megaproveedores que controlan las redes de usuarios y son propietarios de las ideas del comercio. Dos formas de propiedad son centrales: el acceso a la franquicia y las patentes genéticas.

La franquicia existe desde finales del siglo XIX, pero ahora se ha generalizado como relación entre los propietarios locales que financian los productos a cambio de los derechos exclusivos de distribución de los productos. La industria automovilista es el caso testigo. Pero se extiende a otras áreas: por ejemplo, es más negocio para McDonald's distribuir los puestos de hamburguesas que fabricarlas. La empresa local paga por la licencia para producir el producto, siendo así un "clon" de la empresa matriz. Los pequeños negocios son "filiales" de la empresa matriz. El empresario local accede así a la economía de mercado. En EE.UU. las franquicias representaron, en el año 2000, el 40% de las ventas al por menor, con ingresos cercanos al billón de dólares. El contratista de franquicia invierte en edificios y equipos, contrata empleados y produce el producto. Los aspectos intangibles del negocio son propiedad de la megaempresa. Los empresarios locales compran el acceso y los derechos limitados de uso, no la propiedad del negocio. La licencia, para ser vendida, debe contar con la aprobación del propietario. El centro de gravedad de la empresa en red es el lugar donde se otorgan las franquicias. Suele ocurrir que el franquiciador es dueño de los terrenos donde el franquiciado coloca su empresa. El manual de la franquicia describe como han de organizarse y ejecutarse todas las operaciones: el control de la megaempresa sobre la red es total. El propietario autónomo del capitalismo va desapareciendo.

En la industria biocientífica también se desarrolla el paso del mercado vendedor-comprador a la red proveedor-usuario. La genética se coloca en el eje de la industria: los genes sustituyen a las antiguas materias primas, y crean nuevos productos (cultivos, productos farmacéuticos, fibras y materiales de construcción y otros). Se descifra el código genético de microorganismos, plantas y animales. Veamos algunos ejemplos: la industria petroquímica se deshace de sus divisiones químicas y se concentra en la investigación genética. Pero los genes no son recursos no renovables, sino productos tecnológicos que venden bajo licencias. Los genes tienen valor comercial, y por eso componentes de los seres vivos genéticamente modificados (genes, cromosomas, células y tejidos) son patentados. Así, recursos genéticos generados por la evolución biológica se convierten en propiedad intelectual. En el futuro se accederá a los recursos biológicos pero no compartidos, y esos serán los materiales básicos de la nueva economía. Las empresas multinacionales controlan la biotecnología: así modifican las semillas y patentan los nuevos productos. Diez compañías de biotecnología (entre ellas DuPont, Monsanto y Novartis) controlan el 40% del comercio mundial de semillas. Los agricultores ya no son dueños de sus semillas, y deben "arrendarlas" al dueño de la patente. El agricultor "accede" a la propiedad intelectual biotecnológica cosecha a cosecha. Se estudian como esterilizar a las semillas para que no puedan ser replantadas bloqueando los genes de la fertilidad. Se conoce esta tecnología como tecnología Terminator. Muchos países del Tercer Mudo rechazan a Terminator, apoyándose en resoluciones del Organismo Internacional Consultivo sobre Investigación Agrícola, vinculado institucionalmente con la ONU y el Banco Mundial.

Pero el comercio agrícola continúa concentrándose bajo la hegemonía de las empresas multinacionales del ramo, bajo la forma de suministrador-usuario. La propiedad sobre las semillas será, en el futuro, un anacronismo. El mismo fenómeno se desarrolla en la producción ganadera, dado que los animales clonados son patentados y los usuarios deben pagar la patente. Se ha llegado hasta el patentamiento del ADN humano, luego de estudios sobre sujetos cuyos tejidos corporales han permitido crear productos farmacéuticos. Si una empresa tiene la propiedad intelectual sobre un gen que produce una enfermedad X, el paciente deberá pagar a la empresa propietaria del gen para recibir la medicina apropiada. Así, un grupo de grandes empresas puede controlar a los servicios de salud. Se plantea como desafío civilizatorio qué límites establecer a los gigantes de la industria farmacéutica, y la resistencia a la monopolización de los mercados se establece en el terreno de la vida misma.

La propiedad privada es una institución axial de la sociedad capitalista. Es una institución preexistente al capitalismo, y por lo tanto diversas formas de propiedad coexisten en el interior de las formaciones económico-sociales capitalistas. El capitalismo considera a la propiedad como "derecho natural", en oposición a las versiones precapitalistas en las que la propiedad es una creación divina corporizada por sus representantes en la tierra, sean la nobleza o la Iglesia. El primer teórico moderno del concepto de propiedad fue el filósofo inglés John Locke, quien sostuvo que cada hombre tenía como propiedad a su propia persona, y que su propiedad no tenía límites en tanto "toda tierra como un hombre pueda plantar, mejorar y cultivar, ese será el tanto de su propiedad" (Locke, 1997). Este concepto ideológico basado en el trabajo da continuidad al principio ancestral que funda la existencia humana en la separación entre "lo mío" y "lo tuyo". La propiedad como derecho natural ha sido internalizada como valor común por distintas categorías de propietarios en la sociedad capitalista: los hombres se realizan en tanto acceden a ser propietarios a través del trabajo: La propiedad como derecho natural es el fundamento del yo, pero también del Estado-nación y la legitimidad última de los actos del gobierno. Por último, en el capitalismo desarrollado, el valor de la propiedad se mide por el mercado. Adam Smith fue el primero en asociar propiedad con comercio, en tanto la mano invisible del mercado producía mecanismos espontáneos para el intercambio de diversas forma de propiedad (incluida la posesión de los trabajadores sobre su fuerza de trabajo).

El concepto fundador de la economía capitalista, esto es, la propiedad privada, ha sido erosionado por la llamada "economía de los servicios". En el principio del capitalismo industrial las empresas de servicios eran algo accidental entre la producción y la distribución de bienes. Pero en el capitalismo actual a contabilidad, la planificación financiera, el transporte, los servicios comerciales y las comunicaciones juegan un papel central en la relación entre producción y distribución. Como escribe Harry Braverman (1974):

> "La población ya no descansa en organizaciones sociales como la familia, los amigos, los vecinos, la comunidad, los niños, sino que con muy pocas excepciones se debe ir por todo el mercado, y solamente al mercado, no sólo por comidas, ropa o vivienda, sino para el entretenimiento, la diversión, la seguridad, para el cuidado de los jóvenes, de los ancianos, de los enfermos, de los discapacitados. No solamente las necesidades y servicios materiales sino inclusive los aspectos emocionales de la vida se canalizan ahora a través del mercado".

La industria de los servicios —entendida como la producción de bienes intangibles— se ha transformado en el subsistema articulador del capitalismo: a mediados de los noventa, en EE.UU. la industria de los servicios ocupaba el 77% de la fuerza de trabajo y producía el 75% del valor agregado; en el 2010 representará el 90% de la economía en ese país (Rifkin, 2000).

En la medida en que la actividad comercial se desplaza de los bienes a los servicios, la propiedad en sus formas clásicas pierde importancia, tanto en los negocios como en la vida privada. La transición de la economía de bienes a la economía de servicios es lo que define a las sociedades post-industriales. Los servicios no se manifiestan como propiedad, en tanto no se pueden acumular al heredar, sino como relaciones entre seres humanos, mediados por relaciones monetarias. Las referencias de prestigio se desplazan hacia la capacidad de acceder a los bienes intangibles. Así, los bienes materiales se transforman en receptáculos temporales y desechables. Por ejemplo, los cambios en los sistemas de aprendizaje: así, hoy en EE.UU. se puede acceder a la Enciclopedia Británica a través de una suscripción anual por 85 dólares a través de *Britannica On Line*; se accede a las bibliotecas por autopistas electrónicas con costos menores que comprar publicaciones. Los libros están perdiendo su materialidad al transformarse en servicios electrónicos (Capland, 1991).

La economía del ciberespacio está modificando la figura del mercado. Esta deja de ser una entidad física territorial para instalarse como espacio de intercambio de servicios: la forma que adopta el mercado es el intercambio de "usos" y no de "valores". Así, surgen empresas en las que la venta del producto es un aspecto de un servicio (por ejemplo, la venta de aire acondicionado es sustituida por la instalación en alquiler de equipos y servicios de mantenimiento, iluminación, aislamiento, etc. que mejoran la rentabilidad de la inversión). De este modo el vendedor pasa a identificarse con el comprador al participar en el proceso de uso de bienestar arrendado. Proveedor y cliente son una especie de "socios". Como escribe Rifkin (2000):

> "Cuando prácticamente todo se convierte en un servicio, el capitalismo se transforma. Deja de ser

un sistema que se apoya fundamentalmente en el intercambio de bienes para convertirse en uno que se sustenta en el acceso a segmentos de experiencias. Por ejemplo, si contratamos un servicio de aire acondicionado, en vez de comprar un equipo de aire acondicionado pagamos por la experiencia de tener aire acondicionado. Por tanto, el nuevo capitalismo resulta más temporal que material. En vez de convertir en mercancías los lugares y las cosas e intercambiarlas en el mercado, ahora tratamos de asegurarnos el acceso al tiempo y a la pericia de otros, y pedir prestado lo que necesitamos, tratando a cada cosa como una actividad o un proceso que compramos por un período de tiempo limitado. El capitalismo pierde su origen material y se transforma en un mundo de pura temporalidad".

3. La mercantilización de las relaciones humanas

La característica especial del capitalismo actual es la expropiación de diversos aspectos de la vida, incluido el trabajo, para convertirlos en relaciones comerciales (Sennett, 1998).). Se pretenden fundar "sociedades de mercado". En el capitalismo moderno el proceso de mercantilización era sectorial, y parte del tiempo de existencia humana permanecía fuera del mercado. Ahora, en la emergente economía del ciberespacio, las fuerzas de la economía en red arrastran al "tiempo restante". Se registra una creciente mercantilización de todas las experiencias humanas. Las relaciones humanas se comercializan. Los productos son efímeros, lo real son los clientes. Para los empresarios lo que importa es introducir y conservar a los clientes más que incorporar masivamente a nuevos clientes. El cliente se valoriza por el valor de su esperanza de vida. Así, en la industria automovilística, un cliente es "fiel" si está enganchado de por vida a una marca automovilística o a una empresa distribuidora. Al valor de la "esperanza de vida" se proyecta por el valor de todas las compras futuras dividiendo por los costos de marketing y servicios al cliente, lo que implica anticiparse en sus deseos y necesidades. Las tecnologías de la información se adaptan como "tecnologías de relación" o "tecnologías R". El software facilita está adaptación, al organizar a los usuarios según sus preferencias sobre los productos (Castells, 1999).

En la economía del ciberespacio la producción —que era la prioridad de la economía— se subordina al marketing. Este se transforma en la estructura básica de la nueva economía en red. El cliente es el objetivo central de la actividad productiva y comercial, que era antes primordial para el capital, esto es, la separación del productor de su producto (asalarización de la sociedad) y el control sobre el proceso de trabajo (taylorización) ahora se subordina a la demanda individualizada. El cronómetro pierde frente al control cibernético de los clientes: el objetivo es subsumir las experiencias humanas en los mercados. Surgen empresas como Merril Lynch, especializadas en crear paquetes de inversión personalizados. El cliente obtiene el acceso a técnicos y asesores que sustituyen a los antiguos contadores o abogados tradicionales, y queda aprisionado por nuevas relaciones de dependencia. En la era del acceso es más importante controlar al cliente que al producto. Escribe el gurú de la gestión de negocios, Peter Drucker (1998):

> "El cliente es el fundamento del negocio, y quien lo mantiene vivo. Es quien produce empleo. La sociedad confía los recursos productores de riqueza a las empresas para que puedan satisfacer clientes. Porque su propósito es crear al cliente, todo proyecto empresarial tiene dos y solamente dos funciones básicas: el marketing y la innovación."

Las tecnologías R organizan la vida de las personas. Más aún, reestructuran el discurso social y organizan a los consumidores en "comunidades de intereses" compuestas por personas parecidas según sus pautas de consumo. Las empresas de servicios son los "portales" de esas comunidades que suelen llegar hasta la formación de cofradías postmodernas a través de eventos, reuniones, etc. Así, algunas cadenas hoteleras reúnen anualmente a clientes seleccionados en reuniones de esparcimiento y diversión, o compañías del sector turístico organizan tours. El club infantil Burger King agrupa miles de niños en "comunidad de intereses" otorgando descuentos en las comidas. El comercio mercantiliza relaciones humanas que antes funcionaban como actividades individuales, familiares, etc. Surgen para ello los "clubes" especializados, controlados por grandes corporaciones de servicios, en escala internacional. La identidad personal y el status se redefinen según su inscripción en estos clubes, una forma específica de la economía en redes y el mercado capitalista.

El tiempo humano, como hemos dicho, se mercantiliza. La era del acceso es sinónimo de mercantilización del tiempo. ¿Qué queda entonces para las relaciones sociales reales como las relaciones laborales, políticas, religiosas, o las que surgen del amor y el afecto? Queda muy poco, subsumido en un concepto de la vida humana identificado como consumo comercial.

¿Cómo resumir la nueva reestructuración capitalista? Nace la economía en red, se desmaterializan los bienes, se reduce la importancia del capital físico y aumentan los activos intangibles, se produce una metamorfosis de los bienes en servicios, pierde prioridad la producción a favor del marketing y se amplía la mercantilización de las relaciones y experiencias humanas. La propiedad privada física deja lugar a la propiedad privada de bienes intangibles, al "acceso".

Es la época de los "intereses comunes", pero según capacidades de acceso. Pero es también una época de concentración de la riqueza: de abismos sociales y culturales entre ricos y pobres, y esta realidad socio-política determina también estilos de vida. Uno de los rasgos de la era del acceso son las llamadas urbanizaciones de "interés común": el 12% de la población norteamericana vive en ellas, protegidos por vallas y guardias de seguridad. El edificio, los parques, las piscinas, son propiedad común, y cada unidad familiar es propietaria del espacio interno a cada apartamento. Desaparece el espacio público. El acceso de personas es limitado. Se trata de un estilo de vida organizado para que vivan juntos "similares" según intereses culturales, deportivos, o según el nivel de ingresos. Es la ciudad-jardín el urbanista de principios de siglo E. Howard. Se los conoce como CID (Common-Interest Developements). En la actualidad, viven en los CID 50.000.000 de norteamericanos. Los CID erosionan la tradicional perspectiva de propiedad. Se sientan las bases jurídicas y filosóficas para una era en la cual la casa propia es menos importante que experimentar un nuevo estilo de vida. La unidad habitacional es un voto. Los que alquilan no tienen derecho al voto. Los directivos de la CID tienen derecho a preservar la homogeneidad habitacional y paisajista.

4. La nueva cultura del capital

Durante los siglos XIX y XX primó la definición de era industrial. En esta prima la elaboración de bienes físicos, mensurable e intercambiables según sus precios, sujetos a los derechos de propiedad. En la nueva cultura del acceso el mundo adopta una novedosa complejidad: es un mundo de símbolos, redes, conexiones, en el que lo sólido se desvanece en el aire. Estamos entrando en una nueva era, definida por las tecnologías de la comunicación digital y el comercio cultural: ser humano es estar en comunicación con las culturas humanas. Las comunicaciones se han apropiado de las culturas que agrupan lenguaje, arte, música, escritura, cine, grabaciones, software, etc. Las comunicaciones ligan a las personas a través de la difusión de valores y significados. Al mercantilizarse las comunicaciones se mercantiliza la cultura. La industria de la cultura se convierte en un núcleo duro de la economía del ciberespacio. Nace el "capitalismo cultural", que se estructura en función de los derechos de acceso y los "no derechos" de los excluidos como ideología de la "sociedad de mercado" (Basceta, 1994).

Si el acceso va a sustituir a la propiedad tradicional, también lo hará con la política: en efecto, para los ciudadanos en los países industrializados, el derecho al acceso es sinónimo de ciudadanía tanto más que participación electoral. Es una tendencia que se inicia en la década de los cincuenta del siglo XX en el interior de las llamadas "sociedades de consumo". En segmentos de alto consumo en los países subdesarrollados la pregunta ya no es: ¿qué quiero tener que aún no tenga?, sino: ¿qué quiero experimentar que no haya experimentado ya? Alrededor de esta pregunta se desarrolla la economía cultural bajo la forma de turismo cultural. Este tiene ciertos efectos positivos, al potenciar el desarrollo sostenible (protección de la naturaleza, conservación de la biodiversidad y ecosistemas, etc.). También se procesa una sustitución de la plaza pública por el centro comercial. Este crea una nueva arquitectura para lo público, y este es subsumido como experiencia mercantilizada. En EE.UU. los centros comerciales forman parte de las guías turísticas. En ellos se compra el acceso a diversas experiencias: espectáculos, conciertos, revisiones médicas, deportes, celebraciones religiosas, etc. Los espacios comerciales son los sitios para pasar el tiempo libre. Son organizados como mecanismos de comunicación para identificar cultura con consumo, son "pequeños Hollywood" donde se representa escénicamente al consumo a través del concepto de "representaciones de venta". Agrupan a tiendas grandes y pequeñas, recreando artificialmente el entorno comercial de la plaza pública tradicional. En EE.UU. algunos centros comerciales son construidos como reproducciones en escala de ciudades medievales o calles históricas europeas. En la ceremonia inaugural del megacentro comercial West Edmonton en 1990, en Alberta, Canadá, el promotor dijo: "Nuestro proyecto significa que ya no tienen que ir a New York, París, Disneylandia o Hawaii. Les podemos ofrecer todo aquí en Edmonton".

En Japón la familia media ve la televisión 8 horas al día, en EE.UU. 7 horas. Existen en el mundo más de 1.000 millones de televisores. Se trata de entornos artificiales creados por las comunicaciones electrónicas. El teléfono, el cine, la radio y la televisión generan "entornos artificiales": la gente cree "estar allí". Ahora, el ciberespacio reemplaza a la realidad por la realidad virtual. El ciberespacio es un escenario mundial en el que se representan todo tipo de producciones culturales. La realidad se convierte en una pantalla. El marketing se hace presente para atribuir valores culturales a productos y servicios provistos en el ciberespacio, creando así "estilos de vida". Escribe Rifkin (2000):

"A medida que la producción cultural va dominando la economía, los bienes asumen la condición de meros apoyos. Se convierten en plataforma o escenario para la representación de elaborados significados culturales. Pierden su importancia material, pero ganan importancia simbólica. Son cada vez menos objeto de y más instrumento para la representación de experiencias de vida. A diferencia de la propiedad, que generalmente se considera una entidad autónoma, un fin en sí mismo, los apoyos se consideran más bien instrumentos para crear una nueva representación.

El nuevo y cada vez más importante papel del marketing es el de empresario de la producción cultural. Los especialistas en marketing crean elaboradas fantasías y ficciones tejidas con piezas y pedacitos de la cultura contemporánea y las venden como experiencia de vida".

La creación del marketing adopta diversas formas: sustitución directa de la realidad, anuncios perturbadores, canalización de tendencias contraculturales críticas del capitalismo, etc. Todo sirve para motivar el consumo cultural y al mismo tiempo legitimar al capital: por ejemplo, Coca Cola utiliza eventos trágicos (como hambrunas en el Tercer Mundo) para organizar eventos en los que las personas de los países desarrollados unan sus manos para manifestar su apoyo a campañas alimenticias mundiales. Coca Cola se presenta así como socio y compañero en la lucha por la "justicia social", al tiempo que promueve sus ventas. Los recursos tecnológicos y financieros controlados por las empresas multinacionales inundan a los usuarios a través de folletos, anuncios televisivos, etc., formando así cadenas populares de cohesión simbólica a esas empresas. La publicidad organiza a la cultura y la interpreta para los consumidores (Bourdieu y Wacquant, 2000).

El acceso popular a la cultura es controlado: puertas de acceso o portales son las palabras que definen a esos controles. Los "*gate keepers*" son los que controlan el proceso de difusión cultural a los sectores "conectados", mientras que permanecen al margen los sectores "desconectados", es decir, las 2/3 partes de la población mundial. En la sociedad capitalista postmoderna, basada en las capacidades de acceso, quien posee los canales de comunicación decide quien participará y quien se quedará afuera. Se forman para ello las "empresas tecnológicas", que son empresas "vigilantes" al servicio de la hegemonía del capital.

Una minoría de la sociedad, pero que aspira a ser hegemónica culturalmente (y por lo tanto políticamente) ha sido denominada "proteica". Son personas que viven en urbanizaciones de interés común, cuentan con seguros de salud privados, tienen cachés de *leasing* y acceden al mundo del ciberespacio *on line*. Viven en el mundo de la información continua, son menos reflexivos y más espontáneos, trabajan en empleos flexibles y temporales. Piensan más con imágenes que con palabras. Pasan el tiempo libre con personajes televisivos de ficción y sus vínculos con la sociedad pasan por Internet. Les preocupa poco la historia, porque viven en permanente innovación. Su mundo es el de la hiperrealidad y las experiencias momentáneas, un mundo de redes, portales y conectividad. Son los hombres de la postmodernidad, esto es, de una época que es un nuevo estadio del capitalismo, basado en la mercantilización del tiempo, la cultura y la experiencia de vida, a diferencia de la era moderna basada en la mercantilización de la tierra y los recursos y la producción industrial.

La postmodernidad ha comenzado después de la Segunda Guerra Mundial. Es una época en la que domina la indeterminación. Se apoya en el descubrimiento de que la materia es energía. El átomo no es una cosa, sino un conjunto de fuerzas operando en interrelación en el tiempo. Las cosas existen a través del tiempo. La materia es una forma de energía, y la energía es pura actividad. La naturaleza es una secuencia de actos creativos, y no el despliegue de la realidad según leyes inalterables. En este mundo postmoderno es posible pensar que hay tantas realidades como puntos de vista, por lo que todo es más informa, y reina el escepticismo. Se diluye el interés por tradiciones y legados, y se existe en el presente y el futuro. No hay un régimen social ideal, sino experimentos socioculturales. El concepto de progreso lineal, imaginado por el positivismo y versiones superadas del marxismo, ha muerto. La nueva realidad es ecléctica. El trabajo pierde su centralidad y es sustituido por el juego y el acceso. Se conforma la "generación puntocom", es decir, la "persona proteica".

El acceso controla las experiencias de vida. Por lo tanto, es un fenómeno "superior" al control de la propiedad privada, sobre la cual se superpone. Grandes compañías privadas mediáticas de EE.UU., la Unión Europea y Japón se disputan el control de los canales de comunicación: Disney, Time Warner, Beterlsmann, Viacom-Sony, News Corporation TCI, General Electric, y otras. Las empresas de EE.UU. predominan en el sector. Controlan el mercado de las comunicaciones, valorado en el 2000 en unos 800.000 millones de dólares. En esas empresas se entrelazan tenedores de acciones de EE.UU., la Unión Europea y Japón. Las privatizaciones de empresa estatales de comunicación en el Tercer Mundo forman parte del proceso de concentración capitalista en el área de las comunicaciones. Las alianzas entre las megaempresas han dado lugar a nuevas corporaciones gigantes (por ejemplo, la alianza en 21998 entre ATT y British Telecom, dos de las mayores compañías telefónicas del mundo).

Con la desregulación y comercialización de los sistemas mundiales de radio, televisión y telecomunicaciones los Estados-nación, especialmente en el Sur (pero también en el Norte) pierden su capacidad de supervisar y controlar las comunicaciones dentro de sus fronteras, cambiando así las reglas de la política. Este proceso es apuntalado por instituciones financieras internacionales: así, el Banco Mundial incluye la desregulación de las telecomunicaciones como condición para negociar créditos en los países del Sur. Así, la combinación infernal entre desrregulaciones y endeudamiento externo hacen volver a muchos de estos países a la condición de colonias y semicolonias, dado que los Estados nacionales carecen de competencias para legislar sobre los sistemas de comunicaciones. Los límites del Estado-nación han sido extendidos por la acción de la Organización Mundial del Comercio (OMC), cuyo fin es garantizar el libre comercio (Petrela, 2000).

El libre comercio se impone en las comunicaciones. Pero el 65% de la población mundial no ha hecho un solo llamado telefónico y un 40% no accede a la electricidad. Los 24 países de la OCDE —los más ricos del mundo— tienen el

15% de la población mundial, pero disponen del 71% de las líneas telefónicas existentes y del 88% de los usuarios de Internet. El mundo comienza a dividirse entre países ricos y pobres en información, de modo que la división entre conectados y desconectados se expresa como inclusión-exclusión social en escala universal. Así, la nueva economía comienza a sufrir la presión de la economía real y los mercado de trabajo para resolver los problemas que bloquean el consumo de masas y la incorporación al trabajo productivo a centenares de millones de personas en el mundo (Benstein, 1999)

5. Las demandas de la economía real a la nueva economía

Se puede afirmar sin duda que la nueva economía es el núcleo articulador del sistema económico mundial. Ningún sistema económico nacional podría sustraerse en el futuro a la dinámica establecida por las nuevas formas de producir bienes y servicios en redes organizadas según el doble movimiento de concentración del capital y de liderazgo de las nuevas tecnologías informatizadas aplicadas a los procesos y productos. Pero la nueva economía no podrá expandirse si no logra movilizar a la economía real, corriendo el riesgo de construirse a sí misma como segmento dentro de los mercados de bienes y servicios. Así la nueva economía podrá liderar el proceso económico, pero su hegemonía será precaria si junto con los vertiginosos cambios económicos, sociales y culturales producidas por la autorrevolución del capital, se ahonda la brecha sociocultural entre una minoría de la población con acceso y una mayoría sin acceso. Los dos obstáculos principales que limitarán la instalación de la nueva economía como sistema dominante son los desequilibrios que produce en los mercados de trabajo en los países desarrollados y la evidencia de que los sistemas económicos en los países periféricos son actualmente incapaces de crecer sostenidamente.

Estos dos obstáculos, instalados en el centro de las economía reales, no son resultados de la nueva economía, porque responden a fenómenos económico-sociales y políticos preexistentes a la autorrevolución del capital. Pero sí lo son en forma indirecta, en tanto la nueva economía se está construyendo como sistema en un contexto de destrucción masiva de empleos estables en los países industrializados y de bloqueo para la mayoría de la población de los países periféricos a ampliar las bases productivas en sus países o regiones. A mediano plazo se detendrá el impulso transformador de la nueva economía, porque sus fronteras serán fijadas por la presión diversificada proveniente de las demandas de empleos estables y de estándares aceptables de seguridad social en los países del Norte y de la emergencia de tendencias de autoprotección en los países periféricos a través de políticas económicas autárquicas en los países del Sur. Se puede reproducir un cuadro similar al que produjo la primera ola de mundialización económica en el siglo XIX, que dio lugar a conflictos sociopolíticos de clases (proletario vs. burguesía) y de culturas políticas de afirmación nacional en los países periféricos modernizados segmentariamente dentro del sistema colonial y semicolonial. Estos conflictos adoptarán formas político-culturales inéditas, entrecruzándose movimientos socio-políticos heterogéneos por sus demandas pero que confluirán en un único torrente de crítica y oposición al capital.

La reformulación del rol de la nueva economía en función de un reordenamiento progresista de la economía real es el gran desafío actual de la economía política. Se trata de un desafío que la economía sólo lo podrá resolver desde la política, porque la relación armónica entre nueva economía y economía real exige la desarticulación de los mecanismos que permiten a la "autorrevolución del capital" desplegarse como una gigantesca máquina que garantiza como máximo sólo a un 30% de la población del mundo su inclusión al tiempo que excluye bajo diversas modalidades a un 70%. Como ya observó Keynes, ningún sistema económico puede ser exitoso si el aumento en la productividad del trabajo no es acompañado por un crecimiento de la demanda efectiva, esto es, por la incorporación constante de nuevos contingentes de la población al trabajo y al consumo. Al final del túnel, como ocurrió entre 1914 y 1918 y entre 1939 y 1945, emerge la violencia entre los estados como superación de los cuellos de botella que bloquean la inversión. Como declaró Hitler en 1940, el nazismo había expropiado y endeudado a todo el pueblo alemán para restablecer el poder de la nación y ahora esa expropiación debía ser resarcida a través de una guerra de conquista de un espacio territorial, con la consiguiente expropiación de las poblaciones sometidas (Nolte, 1987).

La nueva economía es un subsistema económico que se desarrolla a través de un mercado de consumidores (el "acceso"), pero también a través de un mercado de capitales propios, constituidos por las llamadas "acciones tecnológicas". El mercado de capitales de las acciones tecnológicas en EE.UU. se asemeja hoy a una gran burbuja financiera que se autogenera sin necesidad de retroalimentarse de la economía real. Este fenómeno ya ha dado lugar a fines del 2000 al desplome de las cotizaciones de las acciones tecnológicas en las principales bolsas de los países industrializados. Sin embargo, sería superficial deducir que la crisis actual de los mercados bursátiles especializados en acciones tecnológicas es la demostración de la inviabilidad de la nueva economía. Debe ser considerado como un primer ajuste inevitable entre *net-economy* y economía real, en tanto ésta ha recordado a la economía virtual que la sobrevaloración del capital financiero en relación del capital productivo termina por provocar crisis de realización o, como se diría en términos del marxismo, una "crisis de sobreproducción". Por el contrario, lo que determina el carácter revolucionario de la nueva economía es su capacidad de reorganizar a la economía sobre la base de la aplicación masiva de las nuevas tecnologías informáticas, al tiempo que acelera el comercio mundial y la movilidad de las inversiones. Así el límite, en términos de racionalidad económica, está dado por el hecho de que la nueva economía no podrá desarrollar su potencialidad si no se crean condiciones económicas sociales favorables a su aplicación masiva a la economía real.

La *net-economy* es a la larga incompatible con el gigantesco proceso de concentración del capital en dos sentidos, a saber: a) como nuevo modo de producción puede ser funcional hoy al establecimiento de una "realidad autónoma" de la economía real, pero ello implica la cristalización de sociedades que excluyan de participación en el "acceso" a segmentos sustanciales de consumidores; y b) como modo de producción funciona en relación al Tercer Mundo como demiurgo de un orden económico-social mundial en el que las naciones y los pueblos pierden sus identidades estatales y sociales (es el caso de las sociedades que ven desplomarse las formaciones económico-sociales autóctonas, con la consiguiente desaparición de empresas y puestos de trabajo) para transformarse en áreas de pobreza y exclusión por la acción destructiva del libre comercio y la libre movilidad del capital financiero (Petrela, 2000).

En síntesis, la nueva economía no podrá desplegarse universalmente si los patrones de acumulación del capital se sustentan en la apropiación en gran escala de los recursos económicos y ecológicos de los países periféricos. Dicho de otro modo, si las instituciones internacionales dominadas por los países industrializados como el Fondo Monetario Internacional (FMI), el Banco Mundial (BM) y la Organización Mundial del Comercio (OMC) continúan operando como herramientas para reprogramar a los países periféricos según un diseño global que comienza por las privatizaciones de empresas públicas, sigue por la liberalización de mercado de capitales para favorecer la entrada y salida de los fondos de inversión, continúa a través de la especulación cambiaria e inmobiliaria y la imposición de "precios de mercado" (precios fijados según los estándares de los países industrializados o G-7) y se completa con el libre comercio (por el cual los países del G-7 arrollan las barreras comerciales de los países de Asia, Africa y América Latina, al tiempo que blindan sus mercados contra los productos agrícolas del ex Tercer Mundo). Con esta observación nos introducimos en el pantano en el que puede desembocar la nueva economía, dada la utilización política del endeudamiento financiero de los países del Sur por parte del G-7 (Cassen, 1999).

6. Nueva economía y capital financiero especulativo

Para explorar acerca del futuro de la nueva economía debemos detenernos ahora en un fenómeno constitutivo de la "revolución del capital", a saber: el rol específico del capital financiero especulativo. El capitalismo financiero no es una "enfermedad" del capitalismo productivo o "economía real". Por el contrario: el capital financiero es una dimensión esencial del capital, sin la cual es imposible su acumulación y realización. Así, el capital financiero acompaña al capital productivo como la sombra al cuerpo. Pero tiende espontáneamente a autonomizarse del capital productivo, para constituir los stocks de recursos financieros y nichos de alta rentabilidad del capital. Dicho de otro modo, el capital financiero es un momento esencial de la metamorfosis del capital. Ese "momento" esencial de metamorfosis del capital permite a las instituciones financieras apropiarse de parte del excedente económico bajo la forma de renta financiera. La rentabilidad financiera puede servir para expandir la economía real o para enchalecar a la economía real, subordinándola a la especulación financiera.

Desde la crisis petrolera que se inicia en 1973 y en adelante, el capital financiero es un "componente duro" de la globalización, esto es ha logrado instalarse como "última ratio" del sistema económico capitalista. En sus inicios, en los años '70, este fenómeno estaba asociado principalmente a dos hechos, a saber: a) la existencia de un gigantesco stock de capital bancario generado por el boom de los precios petroleros, cuya forma monetaria dominante era el dólar estadounidense, y b) la necesidad de los bancos de los países industrializados de realizar el stock monetario acumulado, que amenazaba con provocar una devaluación gigantesca del dólar y todas las monedas europeas si no se lograba algún mecanismo mediante el cual el capital bancario se transformase en capital financiero, y así se volviera rentable. La vía elegida para realizar ese "*dollar stock*"—que ya no dependía del respaldo en oro por el colapso del régimen de Breton Woods, y que ahora gira sobre las emisiones de dólares por la Reserva Federal de EE.UU.— fue exportar capital financiero a los países del Tercer Mundo y algunos países del bloque soviético (especialmente Polonia). El resto de las monedas fuertes europeas, lideradas por el marco alemán, siguió, obviamente, al comportamiento del sistema financiero liderado por el dólar estadounidense

Al mismo tiempo, se inicia una mutación en gran escala en el interior del capitalismo financiero, ya fortalecido por la "operación deuda"; se trata de la original fusión entre el capital bancario y los fondos de inversión (constituidos principalmente con los aportes jubilatorios de los trabajadores y empresas de EE.UU.). En esta fusión reside otra clave para explicar el poder autonómico del capitalismo financiero especulativo, capaz de movilizarse sin restricciones en "mercados globalizados" en el Norte y en el Sur. Así, la asociación entre los fondos de inversión y los bancos privados —bajo la protección del FMI— se convierte en un componente esencial de la dominación del capital financiero sobre las economías reales (Benstein, 1999).

Es necesario recordar que, en la década de los sesenta y hasta principios de los setenta, los EE.UU. vivieron la amenaza real de que la URSS se convirtiese en la superpotencia hegemónica, por la peculiar combinación de su capacidad tecnológica en el terreno militar-espacial, las ventajas operativas del complejo industrial-militar soviético, la planificación centralizada, sus enormes recursos naturales y su creciente penetración política y militar en Asia, Africa y América Latina. En este contexto, en el que los EE.UU. necesitaban recuperar la iniciativa estratégica, la necesidad de fortalecer el rol del capital financiero se asocia con el objetivo político de restablecer la hegemonía norteamericana en países clave del Tercer Mundo: así, el endeudamiento de estos, súbitamente, se convirtió en una operación neocolonial a escala mundial, a través de la cual se mataban varios pájaros de un solo tiro, esto es, a) se debilitaba a los estados nacionales emergentes (lo cual conduciría, tal como ocurrió, a la inoperatividad del Movimiento de Países No Alineados), puesto que a la zanahoria de las iniciales tasas de interés bajas para recibir préstamos les seguirían ajustes hacia arriba de esas tasas, con el consiguiente espiral del endeudamiento y la instalación del mecanismo de control conocido como "riesgo país" (por el cual un país endeudado debe pagar tasas superiores a la tasa norteamericana); b) se facilitaba la expansión de las empresas multinacionales en economías y estados débiles; c) se obligaba a varios países del Tercer Mundo, con la espada da Damocles del "riesgo país", a abandonar sus ilusiones de alcanzar la autonomía política a través de sus relaciones comerciales y militares con la URSS y en cambio se los obligaba a aceptar la lógica del "libre comercio"; y d) *last but not least*, se lograba desactivar la mencionada bomba de tiempo de los stocks financieros colocando los excedentes de capital en los países periféricos, lo que por un lado permitía la realización del capital financiero y por otro anudar fuertes relaciones de asociación entre estados y empresas multinacionales del actual G-7 con grupos empresarios, políticos y militares de esos países.

La salida de la crisis petrolera se transformó en pocos años, en el contexto de la Guerra Fría, en una gigantesca operación estratégica de conquista de posiciones en el Tercer Mundo por los EE.UU. y sus aliados en la OTAN y de cerco estratégico a la vulnerable URSS. Esta última era vulnerable, como hemos escrito, por su marginalidad estructural del mercado mundial, agravada por su confrontación con la emergente China Popular (Amin, 1998). No es casual que esa gran operación neocolonial mundial que se desarrolla a través del endeudamiento de los países del Tercer Mundo en las décadas del setenta y ochenta se asocie con la crisis y caída de experimentos nacionalistas-democráticos en países como Egipto, Argelia, Angola, Perú, Argentina, Chile, etc., y con la creciente expansión de la mancha negra de las dictaduras militares de derecha funcionales a la estrategia norteamericana instalados ya desde la década del sesenta (Brasil, Indonesia, Vietnam del Sur, etc.). Así las cosas, el "mundo occidental y cristiano" de Samuel Huntington restableció su identidad y su poder en la lucha contra el comunismo, combinando en la Guerra Fría el poderío militar de la OTAN y la Doctrina de la Seguridad Nacional con la poderosa arma pacífica del "libre comercio" y el endeudamiento (Huntington, 1997).

La Guerra Fría, contexto político-militar mundial que dominó todo el período 1947-1989, ha sido el peor escenario posible para las fuerzas políticas y sociales democráticas. Pero ello no es atribuible sólo a los EE.UU. y sus socios de la OTAN, sino también al expansionismo de la URSS, que a falta de capacidad para instalarse en el mundo como sistema político basado en una "economía socialista de mercado" había elegido el simplista camino de la competencia basada en el equilibrio estratégico militar-nuclear y la consolidación de posiciones en diferentes espacios territoriales. Esta opción "geopolítica" expansionista condujo inexorablemente a la URSS a sustituir su inicial voluntad de construir una civilización superior al capital por un sistema cuya cohesión dependía de una modalidad de totalitarismo que terminaría por conducir a la ruina y desacreditar al "socialismo real" dentro de las propias fronteras del "primer cinturón de defensa", esto es, dentro de la propia URSS y los demás países del Pacto de Varsovia (Bugaline, 1998).

Disuelta la URSS y desaparecido el Tercer Mundo, el sueño de los economistas neoclásicos de un gran mercado mundial regido por el "libre comercio" se hacía realidad bajo el impulso del capital financiero. Como hemos adelantado, esta nueva lógica de acumulación del capital a escala mundial, que funcionaba destruyendo mercados nacionales protegidos, daba paso a un regreso insólito a formas de relación asimétricas entre metrópoli y periferia propias del período 1870-1930, esto es, a economías nacionales en los países dependientes que sólo podían participar del mercado mundial como productores de *commodities* (con la excepción de algunos países asiáticos que habían logrado industrializarse como enclaves de empresas multinacionales norteamericanas, japonesas o europeas).

La desestructuración de los capitalismos nacionales entre los años 1980 y 2000 en el Tercer Mundo era inevitable, dada la globalización capitalista. Pero al producirse como desarticulación y contracción de los mercados domésticos, acarreaba el desempleo masivo por destrucción de parte de los antiguos sistemas productivos y de servicios. Así las cosas, el desempleo y la pobreza aumentaron más rápido en los países del Sur que el propio crecimiento demográfico, especialmente en Africa y América Latina. En países de América Latina, Argentina, Brasil y México, que hasta 1980 contaban con unos modelos de desarrollo relativamente integrados, se observaba ahora una dualización creciente entre modernidad y exclusión. Así, una parte del aparato productivo y de los servicios modernos hacían creer al observador que se estaba en países desarrollados. Pero se desarticulaba y se "informalizaba" otra parte del aparato productivo y de los servicios, y con ello a una parte de la población activa ocupada. Así, las ciudades grandes combinaban barrios lujosos y protegidos con villas miseria y favelas. En cada país endeudado se constituían así, por lo menos, dos subsistemas económicos sin articulaciones entre sí, uno con alta productividad del trabajo y otro de trabajo precario e informal de baja productividad; dos sociedades, una con acceso a bienes materiales y culturales sofisticados y otra sumida en la pobreza y la exclusión social, dos tipos de ciudadanos, unos con recursos económicos y el poder de la información para recibir educación de calidad, y otro obligado a recibir educación con bajos estándares, o ninguna (Benstein, 1999).

En pocas palabras, una cruel "meritocracia de la modernidad" se instala en un 20-30% de la población, a costa de diversas formas de exclusión social. Como ocurrió en el pasado con el campesinado europeo durante la formación del capitalismo, enormes contingentes humanos fueron incorporados como "nuevos pobres" a los llamados modelos de "economía de libre mercado" sin capacidad de defensa, porque habían sido desestructurados previamente sus antiguos mundos productivos y simbólicos. La nueva operación neoliberal era la suma de a) la desorientación y capitulación de las elites políticas locales frente a la "globalización", b) la persistente acción de los medios de comunicación controlados por la superpotencia EE.UU., y c) la misma realidad objetiva que indicaba a las sociedades que el mundo había cambiado sustancialmente, que ya no era posible vivir como en el pasado, y que en ese cambio millones de personas localizadas en el Tercer Mundo eran "perdedores" por incapacidad de adaptarse (Rifkin, 1996).

En los mismos años que irrumpía el capitalismo financiero especulativo que dominaría al mundo, un economista norteamericano, James Tobin, había alertado sobre el fenómeno y proponía medidas para regularlo a través de un impuesto a las transacciones financieras. Tobin estaba pensando sólo en evitar que este casino financiero desembocase en una crisis de realización del capital, dado que la velocidad de realización anual del capital financiero y del capital industrial era a principios de la década del '70 de 7 a 1, pero en 1999 será de 300 veces a favor del capital financiero. Tobin fue un predicador en el desierto, en un mundo académico en el que John Keynes era considerado un teórico superado. Pero en realidad no le había llegado el tiempo al visionario Tobin, cosa que recién está ocurriendo en el nacimiento del siglo XXI y con alcances políticos impensados entonces para él mismo.

Tobin, premio Nobel de Economía en 1981, propuso en 1978 gravar las transacciones monetarias con un impuesto de 0,1 a 0,23%. Se trata de penalizar las actividades especulativas, destinando fondos para el desarrollo. Como era previsible, la propuesta de la Tasa Tobin fue considerada inviable por "estatista" según los economistas neoliberales. Pero la cuestión es que el volumen diario de las transacciones financieras en 1998 ascendió a 1.4587.000 millones de dólares diarios, mientras que ese mismo año el volumen mundial anual de los intercambios de bienes y servicios sólo llegó a 6.000.000 millones de dólares, a los que se podrían agregar unos 50.000.000 millones de dólares anuales por inversiones directas (Cassen, 1999). La tasa Tobin, en consecuencia, podría actuar como control a la especulación financiera (sin necesidad de establecer control de cambios). Se trata, como reconoce el propio Tobin, de una propuesta de tasación de las operaciones financieras, pero que veinte años después se ha convertido, "insólitamente", en una "propuesta de izquierda" (Cassen, 1999). Ha dado lugar a la formación de la Asociación por una Tasa a las Transacciones Financieras Especulativas para Ayudar a los Ciudadanos (ATTAC). La iniciativa ATTAC podría vincularse a la lucha mundial para quebrar el perverso mecanismo de endeudamiento financiero especulativo (Gambina, 1999).

En efecto, los países del ex Tercer Mundo son víctimas de una nueva crisis, por dos causas: a) la caída de sus exportaciones, y b) el aumento de las tasas de interés sobre antiguos y nuevos créditos. Así, para reembolsar su deuda externa en divisas extranjeras, los países periféricos deben invertir parte de sus ingresos por exportaciones y realizar violentos ajustes presupuestarios. Dado que esas medidas son insuficientes, los países endeudados recurren a nuevos préstamos con altas tasas de interés. Así, en 1998-1999, mientras los estados industrializados tomaron préstamos a tasas que oscilan entre el 3 y el 5%, países como Argentina, Brasil y México lo hicieron entre el 10 y 15%. Está en marcha un gigantesco proceso de endeudamiento de Rusia y otros países ex socialistas que ampliará el radio de control financiero de los países del G-7. Entre los acreedores de la deuda externa de los países periféricos hay tres grandes categorías: las instituciones multilaterales (FMI, BM), el sector privado (bancos, fondos de pensiones) y los bancos oficiales de los estados del G-7. Entre el 35 y el 75% de las deudas son con el FMI y el BM. El G-7 sólo acepta discutir medidas de anulación de la deuda de Estado a Estado, y sólo con un grupo de países pobres. Así, en la reunión de Colonia (Alemania) de junio de 1999, se condonaron deudas de alrededor de 25.000.000 millones de dólares, menos del 2% del total de la deuda de los países del Sur. Como respuesta se ha organizado la campaña "Jubileo 2000", que pide la anulación inmediata de la deuda impagable, que asciende a 300.000 millones de dólares, aproximadamente el 15% del conjunto de la deuda externa de los países del Sur, Europa Oriental y la ex URSS. Esta campaña no exige la suspensión de los programas de "ajuste estructural" del FMI ni tampoco ataca la evasión de capitales del Sur al Norte. Ha recibido apoyo del ATTAC y del Comité para la Anulación de la Deuda del Tercer Mundo de Bruselas (ADTM). Así, se van construyendo instituciones capaces de movilizar a los gobiernos en el Sur y el Norte para desarticular la trama que anuda al capital financiero especulativo con la deuda externa (Toussaint, 1999).

El sistema de endeudamiento aherrojado por el "riesgo país" es un mecanismo de subordinación y transferencias de riquezas desde los estados y los trabajadores de los países periféricos hacia los países capitalistas altamente industrializados, esto es, el G-7. Desde 1977 este proceso de transferencia de riquezas se ha agravado y afecta no sólo a los países del ex Tercer Mundo, sino también a los del ex bloque comunista. Estos países son víctimas de tres hechos, a saber: la caída de los precios de sus exportaciones primarias, el aumento de las tasas de interés sobre los nuevos créditos y la disminución de los flujos de capital. La desvalorización de los productos primarios de exportación obliga a los países endeudados a destinar mayores recursos presupuestarios para reembolsar la deuda, mientras que las tasas de interés aumentan (siendo estables en los países del G-7).

Desde principios de la década de los noventa se suman a los centros financieros los poderosos fondos de pensiones norteamericanos, que se constituyen en el motor de los mercados financieros. El capital financiero internacional, con control sobre los países endeudados, pasa a aplicar una audaz política de redistribución de la propiedad y los ingresos en los países del Sur y del ex bloque socialista: privatizaciones, desmantelamientos del Estado y la "flexibilidad laboral" externa se constituyen en las componentes centrales de las "políticas de ajuste estructural". Como resume Toussaint (1999):

> "Tenemos entonces el siguiente panorama en los países endeudados: generalización y acentuación de las políticas de ajuste estructural, aumento del desempleo, reducción drástica de los gastos sociales, aceleración de las privatizaciones, degradación de la

educación y la salud pública, desregulación de las relaciones laborales, enorme aumento del número de personas que viven bajo el nivel de pobreza absoluta. Negarse a anular la deuda externa y aceptar la imposición de políticas de ajuste equivale a abandonar a personas y pueblos en peligro".

La resistencia a ese cuadro de dependencia y regresión económico-social se expresa en los países del Sur (con participación de movimientos sociales en los países del G-7) a través de posiciones políticas favorables a renegociar la deuda externa. El programa y la estrategia política para eliminar gradualmente la deuda externa se deben basar en dos premisas fundamentales, a saber: a) Se requiere una acción política coordinada a nivel mundial entre gobiernos, partidos y movimientos sociales partidarios de la eliminación que forme parte de una "remodelación neokeynesiana" del sistema político-financiero mundial. Esto requiere ser parte de una redefinición de objetivos y estructura de las Naciones Unidas. Debe abarcar la reforma de las instituciones financieras internacionales (FMI, BM y BID) y lograr que se establezcan regulaciones a las instituciones privadas (bancos, fondos de pensión, etc.) para financiar el desarrollo productivo, porque no se trata sólo de eliminar las deudas de Estado a Estado, sino que incluye al endeudamiento con instituciones privadas. b) Desplazar del centro de decisiones político-económicas de los países endeudados a los grandes grupos económicos y conglomerados multinacionales, para poder realizar reformas estructurales en materia de inversiones y redistribución del ingreso que permitan la implementación de políticas públicas a favor del desarrollo productivo de esos países y de creación de nuevos empleos. Esto implica terminar con las políticas neoliberales de "ajuste estructural".

Sobre esta base estratégica se puede considerar como positiva la propuesta de la Iglesia Católica de la campaña Jubileo 2000 (que pide la anulación inmediata de deuda impagable de los países pobres más endeudados que asciende a 300.000 millones de dólares, el 15% de la deuda externa de los países del ex Tercer Mundo). Pero se trata de sólo una parte del problema, porque el objetivo es la demanda de la anulación de la deuda externa a todos los países endeudados, anulación que debería empezar por no pagar la llamada "deuda ilegítima" y seguir con el control a las operaciones financieras para romper las alianzas entre los inversores y los grupos político-militares asociados a ellos en los países del Sur. Se trata de una operación política que requiere un consenso político entre fuerzas del Norte y del Sur. Lo que está en juego es a) la deuda total del ex Tercer Mundo, que en 1999 suma más de dos billones de dólares, y b) las remesas por pago de intereses y amortizaciones de capital, que ascienden en 1999 a más de 200.000 millones. Sin una estrategia para regular al capital financiero —principalmente a través de la oposición coordinada de los países endeudados a aceptar el llamado "riesgo país"— no se podrá resolver el problema del desempleo en escala mundial. En este contexto, la nueva economía encontrará sus límites, dado que la economía real en los países periféricos no podrá utilizarlo para reestructurar masivamente a las empresas (Daly, 1997).

7. Nueva economía y reestructuración de las empresas

Hemos dicho que la "nueva economía" informatizada es el "núcleo duro" organizado de los sistemas productivos modernos, y por lo tanto debería potenciar el aumento de la productividad, el crecimiento de la economía y del consumo. Pero es necesario despojarla de varias creencias difundidas por el neoliberalismo, que simplifican el significado de esta nueva categoría central de la teoría económica.

Se ha difundido desde el neoliberalismo que con las tecnologías de la información todos los principios de los sistemas económicos basados en la industria se modifican. Pero en realidad lo que transforma las tecnologías de la información es la forma de acceder a la información, de diseminarla y transmitirla, al tiempo que reestructuran la gestión de la empresa y los procesos de producción. Las nuevas tecnologías tienen un impacto directo sobre el mundo del trabajo al rediseñar los criterios de empleabilidad, y sobre el mundo de la educación, al establecer nuevos valores y contenidos a los procesos de conocimiento y formación de capacidades (Coriat, 1990).

La nueva economía no va a sustituir y eliminar a la vieja economía —entendida esta como un sistema de relaciones entre la producción de bienes de capital y bienes de consumo— para reemplazar a las despectivamente llamadas "empresas de ladrillo y cemento" por nuevas empresas "virtuales". En realidad, la nueva economía crea redes estratégicas de información para las empresas, que realizan el valor de los bienes en el consumo. Por lo tanto la nueva economía sólo puede potenciar el desarrollo si se apoya en la expansión de las estructuras productivas agrícolas, energéticas, industriales y de servicios. Es sólo cierto que la nueva economía informatizada acelerará la desaparición de las empresas que no sepan adaptarse a las ventajas de competitividad y productividad que generan las redes. Pero la nueva economía no sustituye la planificación económica ni la capacidad de las empresas para introducir innovaciones en procesos y productos, y poder así competir. La competencia, por último, también afecta a las mismas empresas informáticas, al tiempo que, luego de una fase de "neutralidad" de los estados frente a la expansión de las empresas informáticas, se observa un cambio a favor de la regulación en el sector, como sucedió en el litigio entre el gobierno norteamericano y Microsoft a propósito del gigantesco monopolio de esta empresa.

En otros términos, también las diferencias de beneficios entre unas y otras empresas informáticas se decidirán por la excelencia en la gestión. Luego, la idea de que se puede valorar a una empresa por el flujo de beneficios a corto plazo, no resistirá a la vieja verdad de la economía de mercado de que para que una inversión sea rentable se necesitan obtener rentas derivadas de las ventajas comparativas. Esta cruda verdad derivada de las leyes de mercado está sacando de la competencia a cientos de empresas que no han garantizado la rentabilidad y competitividad, afectando simultáneamente a las bolsas de valores por la caída de las acciones. Esto último ha conducido a la Organización Internacional de Comisiones de Valores (IOSCO) a proteger a los inversores (especialmente pequeños), alertándoles que deben invertir sobre empresas que cuenten con patrimonios financieros sólidos extra-bolsas. Por lo tanto, la "nueva economía" no se puede fundar en la creencia de que la economía virtual podrá sustituir al funcionamiento de la economía real. Esta, a su vez, es sana si se basa en el crecimiento de la demanda efectiva y en el equilibrio entre inversión y consumo. ¿Es posible sostener la anterior creencia en un mundo en que la mayoría de la población es excluida de la demanda efectiva y, además, en los países industrializados y periféricos se generaliza la percepción de que las generaciones actuales viven peor que sus padres? Seguramente no. Pero la nueva economía informática podrá convertirse en una institución de progreso si su función se rearticula con las "viejas" verdades de la economía keynesiana y de las teorías de la planificación, tal como es formulado hoy por economistas y políticos críticos del neoliberalismo (Krugman, 1999).

Un buen funcionamiento de la economía de mercado requiere una relación armónica entre la rentabilidad empresarial y las tasas financieras de interés. Sólo es posible estabilizar esa relación si el Estado regula las tasas del capital financiero, y al mismo tiempo apoya técnicamente a las empresas para que aumenten su rentabilidad y competitividad, introduciendo innovaciones tecnológicas de procesos y productos, con la participación de los trabajadores en la gestión empresarial. En efecto, un fenómeno negativo producto del libre mercado que afecta a empresas y trabajadores involucrados en ellas es que gran parte de las empresas pequeñas y medianas tienen rentabilidad inferior a las tasas de inversión financiera sin riesgo. Las empresas, para compensar el impacto de los diferenciales negativos de rentabilidad (con el capital financiero) recurren a reducir costos vía despidos de parte de los trabajadores ocupados. Así, un aumento en las tasas de interés es una "llamada al despido" (Fitoussi, 2001).

El hecho es que en los últimos veinte años el nivel alto de los tipos de intereses financieros se ha convertido en un fenómeno singular en la historia del capitalismo. Como hemos visto anteriormente, el aumento constante de la tasas de interés ha convertido a la deuda externa de los países periféricos en técnicamente impagable. Pero también ha afectado a las empresas pequeñas de los países industrializados, al provocar un descenso de los beneficios, dado que para ser rentables frente a las tasas bancarias necesitan que la rentabilidad oscile entre el 10 y el 15%, como ocurre en Francia, Italia y otros países de la Unión Europea. La "nueva economía" deberá desprenderse rápidamente de la lógica depredatoria del capital financiero, caso contrario provocará la destrucción de parte de la fuerza laboral, al tiempo que contrae los niveles de demanda efectiva y corroe a las empresas por dentro al destruir los valores de cooperación entre trabajadores y empresarios.

Por último, la estrecha vinculación entre el capital financiero especulativo que requiere la "libre movilidad" de los capitales y la ideología neoliberal que arremete contra el intervencionismo estatal y la planificación en la economía, terminan por negar objetivamente el rol de los mercados. Estos son agentes de "socialización del trabajo", dado que sólo pueden funcionar eficientemente si se ajustan a las decisiones macroeconómicas adoptadas desde la políti ca. Dado que la nueva economía es también una fase de "socialización objetiva" del trabajo que produce el capital, requiere de mercados regulados.

En las economías de mercado la socialización objetiva del trabajo es la combinación entre los procesos de trabajo y la elección y producción de los bienes de consumo. Esta combinación requiere de la planificación, desde la fábrica hasta los sistemas de decisiones de las corporaciones internacionales. El trabajo asignado vía mercado coexiste con el trabajo asignado por la planificación de las empresas. En las economías keynesianas la demanda efectiva es planificada por la intervención del Estado, lo cual permite funcionar a la economía contracíclica y desarrollar las políticas de bienestar. Lógicamente, en el actual contexto de hegemonía del capital, al devaluarse los mecanismos de planificación se potencia el descreimiento de la planificación y se restablece el culto al libre mercado. Pero el mercado sólo "corrige" a posteriori las decisiones tomadas por las empresas, que son planificadas. A esta ley económica no puede escapar la *net-economy* (Dahrendorf, 2000).

8. El Estado-nación y la regulación de los mercados de trabajo

En los últimos veinte años se ha reducido el rol y los poderes del Estado en las siguientes áreas: monetaria, militar, de regulación de la economía, la información y las comunicaciones. Para los ciudadanos el Estado se ha transformado en un actor débil frente a las empresas multinacionales y los mercados. La reducción del rol del Estado ha sido sustituida por nuevos valores: el individuo, el mercado, la "equidad", la empresa y el capital. La política es subsumida por un nuevo tipo de Estado que gerencia los intereses del gran capital (Petrela, 2000).

Como hemos analizado, la desaparición del Estado de

"planificación central" soviético es un gran triunfo del neoliberalismo. Pero también lo es el desmantelamiento del Estado de Bienestar que representa un compromiso entre el capital y trabajo para reasignar recursos y redistribuir las ganancias de productividad en Europa y EE.UU., primero durante la gran crisis de 1929-32, y luego de la Segunda Guerra Mundial. Desde fines de la década del sesenta el Estado de Bienestar intervencionista en la economía comenzó a ser criticado desde la teoría neoclásica: se lo acusaba de desrresponsabilizar a los individuos, de ineficacia, de provocar el déficit público, de corromper la vida pública y la política, etc. Pero el argumento central del ataque conservador y neoliberal era que el intervencionismo estatal bloqueaba el rendimiento del capital y por lo tanto de las inversiones. En la década de los noventa la crítica neoliberal se extendió al Estado-nación, que es considerado una traba al libre comercio y la internacionalización de las empresas, esto es, a la globalización.

Al perder soberanía sobre el territorio y el mercado, el Estado deja de ser el sujeto por excelencia de la regulación. Lógicamente, esa pérdida de "soberanía interior" no vale del mismo modo para los EE.UU. y el resto de los países del G-7 que para los países del Sur y del ex bloque comunista europeo. Aquellos, en realidad, son los soportes de las políticas de desrregulaciones impuestas desde el Acuerdo General sobre Tarifas Aduaneras y Comerciales (GATT) y desde 1999 a través de la OMC. Las privatizaciones de empresas públicas en los países del Sur y algunos del Norte permitieron ampliar el poder de las empresas multinacionales. La concentración en los países del G-7 de las políticas científicas y tecnológicas fue instrumentada para los intereses privados de las grandes empresas industriales, agroalimenticias y terciarias. El derecho de propiedad intelectual ha permitido la creciente mercantilización de los productos tecnológicos. La sociedad de la información, que ha nacido como producto de la revolución de la informática, ha sido "apropiada" por grandes empresas privadas (Microsoft, Cisco, Intel, IBM, CNN y otras) que aspiran a "gobernar el mundo".

La izquierda tradicional —comunistas y socialistas— ha tomado demasiado tiempo en captar lo que expresa en el plano político-cultural la revolución conservadora, esto es, una autorrevolución del capital económico-tecnológica en escala planetaria. El comunismo no pudo entenderlo porque permaneció anclado en los modelos burocrático-autárquicos, esto es, la planificación sin mercado y en la adscripción a una teoría del valor funcional para explicar la explotación capitalista pero incapaz de asimilar la idea marxista de que la ciencia y la tecnología son parte de las fuerzas productivas. Así, el comunismo mundial terminó girando alrededor de las geopolíticas nacionalistas que adoptó según países el llamado socialismo real, llámese URSS, China o Cuba. El socialismo reformista de derecha, adscripto a la tradición positivista de progreso científico, necesitado ayer de participar de las negociaciones con el Estado y el Capital para favorecer el Welfare State, termina ahora por compartir con la derecha conservadora la idea de la autonomía del mercado frente a la política.

La izquierda en general fue incapaz de subsumir en una nueva concepción económica aspectos del liberalismo que son permeables para restablecer la legitimidad del concepto de planificación, a saber: aceptando como superados los conceptos de que la planificación se ejerce a través del rol de las empresas públicas estatales o a través de programas macroeconómicos rígidos, y reafirmar en cambio que la planificación es necesaria como direccionalidad estatal sobre la economía a través de redes de agencias especializadas (como agencias de formación y financiamiento para la creación de empresas y servicios, el establecimiento de instituciones de capacitación y formación profesional, instituciones de fomento del comercio exterior y asesoramiento a empresas exportadoras, de coordinación de las ciencias, tecnologías e innovación de la productividad, de potenciación de la relación entre mercados y desarrollo local, etc.).

En síntesis, el Estado debe ser rediseñado para regular los mercados en función de la expansión de las estructuras productivas y la cohesión y el bienestar social.

Recordemos que a fines de la década del setenta —cuando ya era evidente el agotamiento de los modelos de socialismo real— se inicia la nueva ola de revoluciones científicotecnológicas de base en la informática aplicada, que transforman los sistemas productivos, los empleos y el mercado de trabajo. Con ellas se renueva la concepción liberal del mundo y el Estado. Este ha sido reformulado, como hemos señalado, al haber disminuido la soberanía monetaria y militar y su capacidad de intervenir en la economía, la información y las comunicaciones. Como escribe Petrela (2000), "el Estado se ha transformado en un actor cada vez más débil frente a las empresas mundiales y a los mercados".

La ofensiva neoliberal contra el Estado es emprendida por el neoliberalismo y el conservadurismo en nombre de una mezcla ideológica que combina una versión anarquista de derecho centrado en la resistencia civil frente al Estado con la defensa a ultranza del "libre mercado". En esa cruzada ideológica los neoliberales y conservadores han logrado penetrar en la fortaleza socialista, especialmente en Europa Occidental y en fuerzas democráticas en EE.UU. y Japón. Así, la globalización capitalista ha logrado desestructurar la visión del "poder público" asociado al Welfare State y al Estado-nación. La globalización, basada en la libertad de movilidad del capital, origina que el Estado nacional pierda el control sobre la moneda, y el propio espacio económico nacional —"el mercado interno"— deja de ser el espacio económico real. El Estado es desposeído del dominio sobre su territorio y su mercado. Su lugar es ocupado por la OMC. Se sientan las bases político-económicas de un nuevo poder mundial articulado entre las grandes empresas multinacionales y el G-7. En el contexto de la globalización capitalista las políticas científicas y la propiedad intelectual son patrimonio de EE.UU. y demás países del G-7. Así, la llamada "sociedad de la información" podría desembocar en una sociedad diseñada por el nuevo poder mundial. El nuevo discurso "libertario antiestatista" de derecha se organiza en cinco elementos clave: el individualismo, el mercado, la "equidad", la empresa y el capital (Petrela, 2000).

Sobre el sustrato económico, político y cultural de la "autorrevolución del capital" se instala la nueva ola de revoluciones científicas y tecnológicas. El nuevo poder neoliberal busca legitimar el impacto de las nuevas tecnologías sobre el mundo del trabajo, sosteniendo que el aumento de la productividad justifica el desempleo y la exclusión social. El "fin del trabajo" es, para el neoliberalismo, el nacimiento de la "sociedad del conocimiento". Sobre la base del mundo "post industrial" se ha organizado un nuevo discurso reaccionario neoliberal, cuyos componentes son:

a) la primacía del individuo "innovador", "consumidor", "eficiente", que son los valores que reglan la interacción social. Cada individuo debe maximizar su "utilidad", que es medida por la calidad de los bienes y servicios a los que logra acceso;

b) surge una "sociedad de mercado" en la que los bienes materiales y culturales se distribuyen según las diferentes capacidades de consumo de los individuos. La igualdad es sustituida por la "equidad" social, que sólo garantiza derechos potenciales pero no garantidos: por ejemplo, de acuerdo a la tradición norteamericana, un desocupado es una persona que ha desperdiciado oportunidades para educarse, y no alguien al que se le restringe la posibilidad de trabajar. El concepto de "empleabilidad" (capacidades adquiridas y competitividad) sustituye el derecho a trabajar.

c) en la "sociedad de mercado" la empresa pública es

considerada "subsidiaria" a la empresa privada, que es la organización por excelencia que asegura competencia, eficiencia y productividad, y garantiza el bienestar. El capital es el origen de todo valor, y los hombres sólo son sus "recursos humanos" o "capital humano".

Considerados en su conjunto, los tres componentes neoliberales comentados precedentemente dan lugar al fin de la política como "bien común", dado que la política es entendida como el orden necesario para el funcionamiento de la "sociedad de mercado".

Para el neoliberalismo, tanto en los países del Norte como del Sur, la reforma del Estado es una cuestión central: el sentido de la reforma es instalar el "Estado Mínimo", lo que permitiría a las economías de mercado funcionar según los equilibrios espontáneos entre oferta y demanda. Como hemos visto, el neoliberalismo es una teoría económica que ha logrado éxitos frente a la incapacidad del "Estado social" para adecuarse a una etapa histórica en la que el eje del progreso técnico está asociado a la expansión de los mercados globalizados, y la necesidad de las sociedades de reformar a las empresas con la aplicación masiva de nuevas tecnologías.

El neoliberalismo descalifica al Welfare State con una batería de argumentos que, a *prima fascie*, se presentan como irrebatibles para el sentido común: disminuir el gasto público social improductivo a través de la reducción de subsidios al desempleo y la seguridad social; reducción de las cargas impositivas a los empresarios y consumidores al disminuir el gasto social improductivo, etc. Esto incluye limitar el radio de las negociaciones colectivas y en cambio fomentar los contratos de trabajo individuales o con grupos de trabajadores en las empresas basados en remuneraciones por "resultados". El neoliberalismo coloca en el centro del progreso el éxito individual: para ello se debe fomentar el agrupamiento de la "parte dinámica" de la sociedad a través de servicios de "calidad" (educación privada, mayor capacidad de información, salud y jubilaciones privadas, etc.) Esta especie de "darwinismo social", en el que triunfan los más fuertes, se expande a nivel mundial a través de los medios de comunicación. El resultado es la articulación creciente de una red de instituciones privadas como escuelas y centros de educación privados, regímenes de jubilaciones y pensiones privados, privatización de los regímenes de seguros por riesgos de trabajo, etc. En la cúspide del modelo neoliberal, el Estado se transforma en una disfrazada pero eficiente forma de "Estado empresario", puesto que su lógica económica responde a la "teoría de la oferta", es decir a sobrevalorar al capital como motor de la historia. En la medida que la ideología neoliberal se corporiza en las instituciones de la sociedad política, y la sociedad civil, una visión tecnocrática de la gestión pública va sustituyendo a los valores de la democracia y la participación ciudadana en la política. Esta nueva realidad es la que brutalmente expresan "think tanks" empresarios cuando amenazan a los partidos políticos con proceder a "golpes de Estado económicos" sino se ajustan a las "señales" de los mercados.

Ahora bien, cualquier intento de restablecer la hegemonía de la política sobre los intereses empresarios privados a través de la reinstalación del viejo Estado de Welfare o de "la planificación centralizada", está llamado al fracaso, dado que el espíritu del mercado recorre al mundo. De modo que la reconstrucción de lo político como fundamento de una nueva "filosofía del progreso" contraria al "Estado empresario" sólo se puede lograr como nueva síntesis de los escalones civilizatorios que se han desplegado en la historia, a saber: los derechos civiles, los derechos políticos y los derechos sociales. Este proceso se inicia en escala nacional, pero sólo será estable en la escala de la mundialización. La refundación del Estado debe ser planteada simultáneamente como reinstalación de la "soberanía interior" y como instalación de sistemas de cooperación internacional que incluyen la cesión de componentes de soberanía nacional en las instituciones supranacionales. En síntesis, lo político, por lo tanto, no puede ser patrimonio de los que poseen el control de la gran propiedad concentrada (esto es, las grandes corporaciones empresarias). Por el contrario, su sustancia es un conjunto de derechos que formalmente afirman la participación de las diferentes clases y grupos sociales, propietarios o no propietarios, en un sistema de organización socio-política. Es decir, lo político se realiza en el Estado. Por eso, la democracia política sólo existe donde existe el Estado democrático (Dierckysens, 1998).

Si el objetivo es instalar un concepto de ciudadanía que se corresponda con sociedades democráticas y el pluralismo político, tal objetivo sólo será realizable a través de una batalla ideológica que dé cuenta de un desafío central: cómo diseñar sistemas económico-sociales en los que el mercado es asumido por la sociedad civil como medio de acumulación y distribución, como herramienta de "sociedades del trabajo" diseñadas para eliminar progresivamente las desigualdades sociales y garantizar la ciudadanía social. La propuesta genérica de "economía socialista de mercado" (hoy aplicada a China y Vietnam) quizás esté prefigurando una inteligente respuesta teórica en algunos países del Sur a este desafío histórico. La renovación conceptual de la antigua concepción de la "economía social de mercado" incorporando propuestas referidas a la capacitación y participación innovativa de los trabajadores quizás también constituye otra vertiente sustancial. Ambas podrían permitir "competir" ideológicamente con el neoliberalismo.

Se debe reconocer y asumir plenamente que el mercado (institución preexistente al capitalismo que, al expandir el comercio ha sido un poderoso motor civilizatorio) será por siglos indispensable para el intercambio entre los hombres de sus creaciones materiales y culturales. Es, por lo tanto, una institución fundamental para la construcción de una civilización universal. Por eso, sólo a partir de la aceptación plena de la categoría mercado es posible pensar lo político en todas sus dimensiones. En efecto, la categoría mercado es preexistente al capital y es al mismo tiempo su condición de existencia, porque es en su forma abstracta una categoría autónoma de toda forma de propiedad y de apropiación del excedente, aunque al mismo tiempo en cada régimen de propiedad y de apropiación del excedente existan modalidades específicas de mercado. Así las limitaciones forzosas a la lógica del mercado (como ocurrió en el feudalismo europeo o en el "socialismo real") terminan por producir el estallido de los regímenes políticos. Pero lo mismo vale para criticar el intento actual neoliberal de remodelar la economía mundial, dado que al incorporar a los países periféricos de "libre comercio", este intento incluye la contracción de los mercados nacionales, y fracasará porque excluye del "mercado" a miles de millones de personas.

Como hemos señalado, la reinstalación de la política como reguladora de los mercados sólo será posible si se acepta que los llamados derechos sociales son un requisito para un buen funcionamiento de los mercados. En efecto, los modernos derechos sociales en las sociedades industrializadas han sido el producto de un proceso de cambios en la correlación de fuerzas entre los propietarios de los grandes medios de producción y los trabajadores asalariados en favor de estos últimos y, por consiguiente, en la redistribución del ingreso y del poder. Pero también es cierto que la formulación de políticas sociales y laborales como medio para redistribuir los ingresos a favor de los trabajadores, ha sido en ciertos casos producto de la iniciativa de fuerzas políticas que gobiernan la maquinaria estatal capitalista con el objetivo de garantizar así el disciplinamiento de la fuerza laboral. El "*leading case*" es el Estado bismarckiano alemán de fines de siglo XIX, que crea la fórmula del "Estado social" para legitimar la flamante unidad estatal-nacional alemana. El "Estado social" alemán fue una estrategia para generar con el consenso de los trabajadores, una retaguardia activa en la "guerra total" por la disputa de mercados y la hegemonía político-militar en Europa.

El bismarckismo fue también una respuesta del bloque militar-burgués alemán en el poder a la creciente fuerza social que se organizaba y expresaba en partidos y sindicatos de inspiración socialista. Para legitimar el "estado social" se requería romper la "ley de bronce" de los salarios de Ferdinand Lassalle que sometía a los trabajadores a la miseria e incorporarlos a la política a través del sufragio universal y la democratización del Estado. Por lo tanto, los derechos sociales son incorporados a la política inicialmente como reguladores de los conflictos entre las clases en las sociedades industriales modernas. Pero pronto producirán una "mutación de fines", al ser reconocidos como componentes de las nuevas formas de regulación económica y política. El caso más original fueron los comités tripartitos de producción de armamentos en Francia y Alemania durante la Primera Guerra Mundial, que se establecen para la cooperación entre organizaciones empresarias, sindicales y el Estado en el esfuerzo de guerra: en su mutación darán lugar a las formas de negociaciones laborales en escala nacional, y servirá como un antecedente para la creación de la Organización del Trabajo (OIT). Estos comités fundan una inédita interrelación entre economía y política. Así, por la fuerza de los hechos, lo público erosiona los fundamentos del liberalismo económico al introducir la regulación laboral en detrimento del libre juego de la oferta y la demanda de la fuerza laboral. Como se observa la participación de los trabajadores en las empresas en Europa, no ha sido un producto "exclusivo" del bolchevismo o de la socialdemocracia. Más aún, Lenin consideraba que las experiencias de "cogestión" en la industria militar en Francia y Alemania debían ser valoradas como experiencias importantes de aprendizaje de los trabajadores de la gestión empresaria socialista.

A partir del fin de la Primera Guerra Mundial, las nacionalizaciones de empresas privadas localizadas en áreas sensibles de la industria pesada, de transporte, comunicaciones, etc. en Gran Bretaña fueron hechas para permitir al Estado movilizar al aparato productivo en su conjunto. Se generalizan aún más en toda Europa occidental después de la Segunda Guerra Mundial. También las nacionalizaciones fueron justificadas, en parte, como necesidades inherentes al "Estado social". Pero su "última *ratio*" residió en dotar de racionalidad, a través de lo público, a la economía de mercado y a las empresas. Es evidente que hoy una nueva situación histórica presiona para liberar nuevamente a los mercados de las restricciones del Estado social: se trata de liberar las potencialidades del capital. Por eso, es necesario aceptar que el predominio de la teoría de la oferta dará impulso a la transformación tecnológica de las empresas, pero generando inevitablemente una creciente concentración y centralización del capital, y con los consiguientes desequilibrios en la distribución de ingresos. Para resolver esos desequilibrios es necesario regularlos. De allí la necesidad de refundar lo público y el concepto de regulación como lógica de una civilización ya no basada en sociedades salariales de pleno empleo sino en sociedades basadas en el pleno trabajo. Pero he aquí que para fundar tal tipo de sociedades basadas en el trabajo se requiere una nueva articulación entre la empresa y el trabajo en general, compatibilizando valores de productividad y ciudadanía social.

CAPÍTULO II

LA AUTORREVOLUCIÓN DEL CAPITAL Y LAS TRANSFORMACIONES EN EL MUNDO DEL TRABAJO

1. Fordismo y post Fordismo: convergencia y divorcio

La globalización es la segunda ola de mundialización del capital. Como tal, tienen una base tecnológica (tercera revolución tecnológica) y reestructura y amplía al mercado mundial a través de la expansión del comercio y la libre movilidad del capital, en particular el capital financiero. La segunda ola de mundialización capitalista que se inicia a mediados de los setenta del siglo pasado, se ha desarrollado a través de una batalla política contra las fuerzas sociales y políticas que cuestionaban y bloqueaban la necesidad del capital de dar inicio a una etapa económica, en la década del sesenta, de predominio de la teoría de la oferta sobre la demanda, de disciplinamiento por lo tanto de las fuerzas sociales y políticas criticas de la hegemonía del capital en el corazón del sistema, esto es, en los países desarrollados, que se perfilaban en esa década. Como diría Lester Thurow (1995), fue en este contexto que "el capitalismo le declaró la guerra a la clase obrera y la ganó". Esa "guerra" contra la clase obrera fue una etapa decisiva de lo que Michael Huntington denominó la "guerra civil" del siglo XX.*

---

* Las décadas sesenta y setenta incluyeron vigorosos y novedosos movimientos sociales en EE.UU. y Europa: en los EE.UU., a partir

La acción obrera en los países desarrollados en las décadas de los sesenta y setenta habían mostrado que la fundación del Estado de Bienestar o estado providencialista, con las protecciones y prestaciones sociales y los sistemas de negociaciones colectivas, no habían hecho desaparecer en los países capitalistas desarrollados las expresiones socio-políticas de la contradicción entre el capital y el trabajo. El capital, para recuperar la iniciativa histórica en los países que luego se denominaron G-7, decidió disciplinar a los trabajadores a

---

de 1946 se registran los motines de proletariado negro, que se transforma durante varios años en moviento de insubordinación civil de masas y de sabotajes en las fábrica, empalmando e integrando con la resistencia civil a la participación de los EE.UU. en la impopular guerra de agresión en Vietnam. En 1967 se inicia primero en Alemania y luego en Francia la genérica protesta estudiantil contra el capitalismo, fenómeno que empalma con la radicalización anticapitalista del movimiento sindical en Italia que retoma las experiencias consejistas de 1919. En las fábricas italianas las acciones obreras tenían como eje la resistencia a la autoridad capital (negativa a obedecer a los jefes, autorreducción de los ritmos de producción, secuestros a patrones y gerentes, etc.). Durante la lucha en la fábrica se buscaba "cambiar la vida", sustrayéndola a la sincronización. Emerge el feminismo a través del cual el cuerpo y la reproducción resiste la disimetría de los sexos, que es la base de la cultura y el poder masculino (Ingrao y Rossanda, 1995). Es cierto que estos movimientos de crítica social y cultural al capitalismo fueron opacados por la invasión de la URSS y demás países del Pacto de Varsovia a la revolución democrática en Checoslovaquia, en 1968, hecho que da inicio histórico al fin del impulso de la Revolución Rusa y al inicio de la crisis política del llamado socialismo real. Pero pese al "golpe por la espalda" que esa invasión produjo en los movimientos socio-políticos de izquierdas de base obrera, estos no perdieron impulso hasta mediados de los años setenta, dando cuenta así de la grave crisis de hegemonía que experimentaba el capital. Se desarrolla en una fase histórica de tensiones entre EE.UU. y la URSS, y entre los EE.UU. y áreas del entonces Tercer Mundo. Por un lado, los EE.UU. habían tenido que admitir, con su derrota en Indochina, el triste papel de herederos putativos del viejo colonialismo al que ellos mismos erosionaron y ayudaron a

través del mercado, reformando el funcionamiento de la empresas a través de los modelos de "terciarización" y organización en red o "estrella". Se quebraba así tanto la utopía socialista autogestionaria como las ideologías socialistas luxemburguistas, y se desorganizaba a los grandes sindicatos de rama, organizados para negociar en grandes unidades productivas, y ahora inadaptados para representar a una clase obrera en proceso de fragmentación por los procesos de externalización. Entonces, la consigna en los medios empresariales fue la "desregulación" y la recuperación de la "crisis de gobernabilidad" en las empresas. La idea fuerza que sustentaba a esta gigantesca operación política fue demostrar que el keynesianismo bloqueaba el progreso técnico, al sustraer a los mercados del excedente necesario para nuevas inversiones productivas para dedicarlo al gasto público. La teoría económica neoclásica recupera la iniciativa con la teoría de la "productividad marginal" (esto es, garantizar las ganancias para las inversiones adicionales) como condición para recuperar los niveles de crecimiento económico logrados entre 1946 y 1948 (Albert, 1992).

---

desarticular después de la Segunda Guerra Mundial. Pero, por otro lado, mostraba también los límites de los intentos de montar economías autárquicas en los países del Tercer Mundo, la inviabilidad de la utopía maoísta de la Revolución Cultural y de los socialismos reales en África y Asia. Se iniciaba la crisis del Movimiento de Países No Alineados, el fracaso de un tercer espacio político entre la OTAN y el Pacto de Varsovia. El Tercer Mundo influyó culturalmente en los movimientos contestatarios y anticapitalistas que se producían en los países desarrollados a través del maoísmo, y el *élan vitale* de la Revolución Cubana y su producto ideológico, el "guevarismo". Pero entre uno y otro proceso no hubo complementariedad histórica (como amagó con suceder entre la URSS y la Revolución China entre 1949 y 1959), y cada cual se agotó separadamente, demostrando que la versión del desarrollo lineal de la historia que aseguraba la convergencia entre el sistema socialista, el movimiento obrero en los países capitalistas desarrollados y los movimientos de liberación nacional, no era realista.

La derecha económica neoliberal —fundada en la inmediata postguerra por Hayek— despliega una batería de ideas para deslegitimar al keynesianismo. La producción, la demanda, la productividad y las ganancias no podían crecer equilibradamente, el Estado de Bienestar frenaba la inversión, dado que los gastos públicos eran excesivos y financiados con el déficit del presupuesto, los sindicatos amenazaban con "destruir a la propiedad privada", desarrollando "cooperativas socialdemócratas", la planificación económica se había convertido en un corset para las empresas, dado que debían subordinarse a los pesados mecanismos de decisiones estatales macroeconómicos, etc. Las empresas no podían ser competitiva en escala nacional. Se requerían formas de organización supranacionales o "multinacionales" que destruyeran las barreras aduaneras y el control nacional-estatal sobre la transferencia de capitales. Se inicia la era de la "globalización" de la economía, que se hace rápidamente viable por las tecnologías de la información. El sueño americano del libre comercio sería la nueva realidad global.

Con el inicio de la autorrevolución técnico-económica del capital terminaba también una época de asociación del keynesianismo con la empresa: el fordismo. El capital necesitaba liberarse de los costos salariales unitarios registrados por la negociación colectiva y aumentar la productividad el trabajo. Las grandes empresas necesitaban someter a los estados nacionales para descentralizar los diferentes procesos de trabajo entre países (montaje, producción de piezas, marketing, centros de planificación estratégica y táctica, etc.). La firma debía ser una "red transnacional". Su sede social está en cualquier parte, aunque su "protección" se preserva a los gobiernos de EE.UU. y de todo el grupo del G-7. El capital somete a los estados nacionales y funciona como detentador de la soberanía mundial. El capital se emancipaba del poder político pero "relativamente" (en tanto lo político se globalizaba bajo la hegemonía del Estado norteamericano y su alianza con el G-7). La ONU, como institución política, debería perder poder a favor de instituciones como la OMC (ex GATT), el FMI, el Banco Mundial y la OCDE. Estas instituciones regulan el comercio mundial y las inversiones, y difunden el neoliberalismo (Aglietta, 1979).

La globalización corta en cada país y a nivel mundial tanto a la derecha como a la izquierda. Por un lado está la gran burguesía globalizada que atrae capas de las burguesías medias, la pequeña burguesía y sectores de clase obrera beneficiados por pertenecer a áreas o empresas competitivas. Por otro lado, burguesías nacionales con industrias o actividades tradicionales, segmentos de producción precapitalistas, trabajadores y sindicatos localizados en la producción de bienes no transables. Un sector de la izquierda se vuelca hacia el nacionalismo estatista y convive con formaciones políticas nacional-conservadoras. Otra parte de la izquierda opta por la "tercera vía", en su versión del New Labour británico y da soporte a la globalización capitalista. En otros términos, una parte de la izquierda capitula por incapacidad para elaborar políticas superadoras del neoliberalismo y otra por subordinarse a las reglas neoliberales. Pero no se trata de subsumir mecánicamente a la segunda ola de mundialización de la economía con la hegemonía neoliberal que es temporal, sino luchar por utilizar las diversas contradicciones y contratendencias progresistas que esa ola genera en su desarrollo, y organizar plataformas programáticas y formas de acción socio-políticas pluralistas para recuperar los pisos históricos progresistas creados por los movimientos sociales y políticos durante la primera ola de mundialización (1850-1900) y a través de todo el siglo XX, esto es , el socialismo, el Welfare State y la construcción de identidades nacionales en el mundo colonial, semicolonial y dependiente.

La resistencia al capital transnacional es global (CIOSL, 2001). Los estados nacionales cuentan con fuerzas para liderar esa resistencia si cuentan con personal dirigente progresista y apoyo popular. Por el contrario, los estados nacionales son débiles si se entregan a aceptar las reglas del capital financiero (por ejemplo el cepo del llamado "riesgo país", que condiciona en los países del sur las inversiones y las tasas de interés) y del capital transnacional. Pero el consenso popular necesario para que el Estado nacional pueda enfrentar al poder de la globalización capitalista se basa en políticas de resistencia y alternativas a las fórmulas neoliberales que plantean la disminución de los salarios reales, la liquidación de la producción pública de bienes sociales (pensiones, salud, etc.), el desempleo la precariedad laboral y el deterioro de las condiciones de trabajo. En este contexto la privatización de empresas públicas puede ser aceptada sólo en condiciones en que se garantice la participación del Estado, el interés público nacional y los sindicatos.

El neoliberalismo necesita también contar con base social: su arma preferida es ahondar la división entre gerentes y trabajadores, aumentando las brechas salariales (en EE.UU. las diferencias salariales llegan a oscilar entre 100 y 150 veces el salario mínimo) y escindiendo a los trabajadores asalariados entre grupos remunerados según empresas de baja y alta rentabilidad. La nueva hegemonía del capital se consolida en el retroceso de la participación de los trabajadores en el ingreso nacional. Así, por ejemplo en 1978 los cuatro países más industrializados de Europa (Alemania, Francia, Italia e Inglaterra) distribuían entre los trabajadores una media del 60% del ingreso nacional; este porcentaje ha retrocedido en el 2000 al 45%. Este retroceso es justificado por la "falta de competitividad", pero al mismo tiempo las empresa multinacionales buscan en los países del Tercer Mundo trabajadores que acepten salarios bajos y empleos precarizados, con lo que logran ganancias extraordinarias en los propios mercados de los países industrializados.

Estamos presenciando un proyecto brutal de concentración capitalista: sobre la 37.000 firmas transnacionales que controlaban el 40% del comercio mundial a mediados de los noventa, 370 (es decir, el 1%) controlaban el 50% de los activos financieros, y seis bancos comerciales controlaban el 90% de las operaciones derivadas (Gorz, 1996). En la economía global la renta condiciona al beneficio y los mercados. El poder financiero se realiza como síntesis de los mercados. Como dijo el entonces presidente del Bundesbank, Hans Tietmayer, en 1996 en Davos: "Los mercados financieros jugarán cada vez más el papel de gendarmes. Los políticos deben comprender que ahora están bajo el control de los mercados" (Lipietz, 1996). En esos mercados financieros los fondos de pensión norteamericanos (en los que participan intereses sindicales) juegan un papel de árbitros. Estos fondos penetran no sólo a las empresas, sino a los Estados, promoviendo las privatizaciones de los sistemas de previsión social, seguros estatales, etc., para su apropiación por empresas de fondos de inversión y bancos privados. Todos los bienes sociales se convierten así en mercancías. Se refuerza la concepción del capitalismo de considerar al trabajo como una mercancía.

En las últimas dos décadas del siglo pasado se presencia un doble fenómeno al interior de las relaciones sociales de producción capitalistas: por un lado, se produce la decadencia del fordismo, el motor de la acumulación de capital a través de la expansión de la demanda efectiva, y por otro se observa la reestructuración de las relaciones sociales de producción sobre la base de la salida de la sociedad salarial y su sustitución por una combinación entre diversas formas de remuneración del trabajo que responden a las necesidades de la autorrevolución del capital de disciplinar a los trabajadores asalariados y al mismo tiempo preservar la hegemonía del capital en un mundo donde se recrea y predomina el trabajo precario, con altos niveles de desempleo y pobreza. La lógica de la autorrevolución del capital asume nuevamente la función de organizar y subordinar diferentes modos de producción y diferentes formas de remuneración del trabajo y de distribución de ingresos para restablecer el predominio de la teoría de la oferta sobre la teoría de la demanda. Se requería acrecentar velozmente la rentabilidad del capital a través de un doble movimiento hacia el interior de la empresa, aumentando la productividad del trabajo, y hacia fuera, a través de la conquista de mercados emergentes para productos sostenidos por innovaciones continuas.

Las rigideces propias del modo de producción fordista, esto es, el trabajo parcelado en las cadenas de montaje, hechas para producir en serie productos estandarizados, lentitud en el desarrollo de nuevos productos, especialización extrema de la mano de obra, jerarquización cuasi militar, rigidez de las normas de rendimiento, gastos de almacenaje elevados y altos porcentajes de mano de obra no directamente productiva, eran ahora factores desfavorables para mejorar la eficiencia y rentabilidad de las empresas. Esos factores desfavorables se localizaban en empresas en las que la dirección, acostumbrada a enfrentarse con trabajadores díscolos y sindicatos activos, sólo podía pensar en la gestión asociada a los controles y la disciplina impuesta. En otras palabras, el autoritarismo empresarial cosechaba ahora cincuenta años de taylorismo, es decir de métodos de producción destinados a extraer de los trabajadores el mayor rendimiento encerrándolos en sistemas de restricciones que excluían las iniciativas y la participación. Como escribe André Gorz (1998):

> "La fábrica era el teatro de una guerrilla permanente donde los obreros especializados desplegaban tesoros de ingenio para sustraer importantes reservas de productividad a la vigilancia del personal jerárquico. Todo el encanto y toda la creatividad de los obreros se empleaba en armar nichos ocultos de autonomía".

Pero en el contexto de la crisis capitalista de los años setenta se necesitaban trabajadores con iniciativa para habilitar a la empresa a conquistar mercados con productos de vigencia corta, en cantidades reducidas, a precios bajos y de fuerte presencia simbólica. Los trabajadores debían ser incorporados para hacer viable la "economía de variedad": las empresas debían ser capaces de improvisar continuamente, de anticipar y explotar los entusiasmos efímeros y las modas imprevisibles reclamadas por los mercados. La normalidad de las empresas ya no podía pasar por las rigideces sino por la capacidad de satisfacer la demanda variable y continua.

En Alemania Federal, como necesidad de cohesionar a la sociedad, los empresarios a regañadientes, y poniendo permanentes obstáculos, terminaron por aceptar la cogestión. Pero en los demás países capitalistas líderes (EE.UU., Gran Bretaña y Francia) la respuesta a la necesidad de mejorar la competitividad condujo a la respuesta técnica: sustituir trabajadores por robots. Se trata de aggiornar al taylorismo, combinando la robotización con el control centralizado y la programación de secuencias y tiempos. Pero fue una solución efímera, porque de lo que se trataba para hacer más eficiente a las empresas era que los trabajadores se identificaban culturalmente con las reglas productivas de la empresa de variedad. En este contexto es que una experiencia empresarial no occidental, surgida en una sociedad altamente cohesionada por valores religiosos y cuasi feudales (sintoísmo) nacionalistas y estatalistas se importaría a Occidente: el toyotismo japonés u "ohnismo". Este sería introducido en EE.UU. a través de fábricas compradas o en *joint ventures* en la década del setenta.

2. Toyotismo: post-fordismo y disciplina laboral

La clave para entender el éxito del toyotismo es político-cultural: en el Japón la industrialización iniciada a princi pios de siglo no incluye una lucha de clases significativa, mientras que en Europa y los EE.UU. sí la incluye. Mientras que para el capitalismo occidental la fuerza laboral para ser disciplinada debía ser controlada, para los japoneses debía ser incorporada y cooperar con el interés de la empresa. Así, el "*kaizen*" japonés supone que la productividad del trabajo requiere una clase obrera "movilizada" para intervenir en los procesos flexibles de innovaciones tecnológicas. Para lograrlo los trabajadores deben "reflexionar", ejercer la "autocrítica" y actuar en equipos. Como señala Benjamín Coriat, el trabajador polivalente debía ser "fabricante, tecnólogo y administrador" (Coriat, 1990). El toyotismo suele coexistir en el interior de la empresa con formas de organización del trabajo taylorista.

La empresa postfordista se basa en redes de flujos interconectadas de los procesos de trabajo, coordinados por colectivos auto-organizados, sin un centro de mando único. La fábrica toyotista abre la posibilidad cierta de delegar la vida de los trabajadores a los sistemas de decisión controlados por la gerencia, pero al mismo tiempo abre también la alternativa de un nuevo poder de los trabajadores, basado ahora en un control de los equipos sobre los procesos de trabajo y una desmitificación de la propiedad privada, siempre y cuando estén organizados en sindicatos en la empresa y generen una cultura de la empresa como comunidad de intereses heterogéneos. En la actualidad, la transición del fordismo al postfordismo es hegemonizada por las condiciones culturales creadas por la "autorrevolución del capital", pero lleva en su interior la semilla de nuevas perspectivas transformadoras de la empresas, al crear condiciones para la apropiación de los trabajadores de su producto, meta ahora legitimada por su papel autónomo en los procesos de trabajo (Maller, 1976).

Sin embargo, el control potencial de los procesos de trabajo no puede limitarse a una visión sindical cuyos límites son las puertas de la fábrica. En efecto, la iniciativa en la empresa sigue en manos del capital privado, en cuanto éste es el fundamento de la sociedad y de los sistemas políticos. Así, por ejemplo, la fábrica, luego de mejorar la productividad a través del toyotismo, puede cerrar por decisión empresaria convirtiendo la esperanza obrera en la autogestión en una ilusión efímera, con el consiguiente desencanto y desmoralización. Esto es lo que ocurrió en la fábrica Volvo en Uddevalla, Suecia, que organizada exitosamente entre 1984 y 1988 según las normas toyotistas, cerró en 1993 por decisión empresaria (Gorz, 1998). La persistencia de las relaciones capitalistas de producción no permiten realizar el potencial liberador del post-taylorismo, pero la lucha para superar esas relaciones de poder obliga y obligará a los trabajadores a hacerse cargo de los desafíos generados por las empresas transformadas y abandonar antiguas posiciones refractarias a participar en la gestión de las empresas. Esto es aún más válido en tanto las empresas que adoptan el "*lean production*" suelen contratar obreros jóvenes, sin tradiciones sindicales, con contratos de trabajo temporales. En muchos casos se obliga a los nuevos trabajadores a renunciar a incorporarse a los sindicatos con el objeto de bloquear el acceso de nuevas formas de identidad de clase y asimilar a la versión de la cultura corporativa de la empresa como "patriotismo de empresa".

El gran desafío para los trabajadores y sus movimientos socio-políticos que los representan (sindicatos, partidos afines a sus intereses, centros de investigación laborales especializados identificados con el progresismo y la emancipación de los trabajadores, etc.) es instalar en el centro de la cultura de la empresa la autonomía socio-política de los trabajadores. De este modo, la emancipación de los trabajadores no gira alrededor de los esfuerzos para cumplir los requisitos de "empleabilidad" en las empresas transformadas, porque en ese caso se trataría de una "emancipación virtual", dado que el control empresario se mantiene inalterable. Se trata de considerar a los requisitos de empleabilidad y las normas de cooperación del equipo como las bases para exigir la participación de los trabajadores en los diferentes niveles de los sistemas de decisión de la empresa, hasta la gerencia general y las instituciones empresarias donde del capital asume su *ultima ratio* como propietario.

La empresa es integrada por el toyotismo como "método de trabajo". Pero este método incorpora fundamentos cuasi feudales en la propiedad privada capitalista, dado que el toyotismo tiene también una cara oculta en la existencia de relaciones sociolaborales (o relaciones sociales de producción) de tipo precapitalista, propias de las formas de dominación "asiáticas" (xiontismo) del establishment japonés. No es posible —por razones tecnoproductivas— retroceder al fordismo, pero es necesario recuperar aquello que hizo de ese método productivo el símbolo de la modernidad: el reconocimiento del antagonismo entre el trabajo vivo y el capital, y la necesidad de la negociación entre las partes, al tiempo que los trabajadores deben apropiarse de las necesidades de participación en el proceso de trabajo propia del toyotismo para colocar su perspectiva de lucha en el corazón del conflicto de intereses entre el trabajo vivo y el capital que es inherente al "modelo japonés". En esta idea se resume la contradicción entre las clases sociales en el interior de las empresas que lideran hoy la revolución técnico-productiva a nivel mundial (Coriat, 1990).

La cultura de la competitividad es el núcleo del sistema de integración e identidad de los trabajadores de la empresa transformada. En la empresa fordista no existía tal tipo de compromiso entre empresarios y trabajadores, en tanto los asalariados establecían su identidad en la clase, el sindicato y la negociación colectiva, en el contexto de regímenes democráticos (en los países desarrollados, bajo fuerte incidencia del socialismo, y en los países del Tercer Mundo bajo regímenes nacional-populares o de izquierda nacionalistas) en la preeminencia de la ciudadanía política y social sobre el mundo de las empresas. El capital, en el régimen fordista, ve limitada su autoridad por la presencia del sindicato y las adhesiones políticas de los trabajadores. Se trata de pisos civilizatorios culturales, políticos y jurídico-laborales logrados por el movimiento obrero durante el siglo XX, pisos que se establecen generalmente durante procesos de formación a través de feroces luchas para desalojar o condicionar el poder de bloques representan a las clases propietarias, o para enfrentar crisis nacionales (como por ejemplo durante la reconstrucción de Europa occidental luego de la Segunda Guerra Mundial, que da origen a los pactos sociales y el Welfare State).

En el postfordismo está presente una vocación empresaria orientada no a reformular en un sentido progresista esos pisos civilizatorios, sino para desarticularlos. Por eso la competitividad exige la limitación de la negociación colectiva y los derechos laborales y sindicales, dado que su meta es hacer prevalecer la pertenencia del trabajador a la empresa: "la empresa compra, ante todo, a la persona y su devoción", finalidad que se antepone a la compra del trabajo abstracto. Este era regulado por la negociación colectiva, ahora se trata de regularlo a través del contrato individual del trabajo, el ámbito en el cual se puede dar preferencia a los motivos individuales del trabajador o capacidades para valorizar su "capital-saber" individual a costa de su identidad del colectivo de la empresa o rama de producción (Basceta, 1994). Para bloquear esta nueva servidumbre es necesario mantener la vigencia de los pisos sociolaborales civilizatorios y políticos mencionados, para hacer posible —en las condiciones de la empresa transformada— la iniciativa y la creatividad en el trabajo bajo la forma de enriquecimiento de la autonomía obrera. La autonomía obrera debe formarse independientemente de las necesidades de la empresa, al tiempo que permite a los trabajadores reactuar sobre ella apropiándose de los derechos a ser parte activa en los procesos de trabajo, incorporándoles el trabajo creativo e innovativo. Es el nuevo camino sindical y político hacia la conquista de la emancipación del trabajo, a través de un estadio en el que la apropiación de la autonomía obrera en el proceso de trabajo, se procesa como dominio por el trabajo asalariado del conjunto de interacciones de producción y gestión que articulan a la empresa en red. La autonomía obrera no es el producto espontáneo del proceso de trabajo, sino de la construcción consciente y organizada de valores morales y políticos que cohesionan al mundo de los trabajadores, hecho cultural que sólo puede producirse dentro de instituciones específicas, en este caso el sindicato, el partido, la vida comunitaria, instituciones que a su vez necesitan establecer formas de cooperación regionales y mundiales para potenciar su fuerza en esta época de segunda ola de mundialización económica, de la "nueva economía" y de construcción por los medios de comunicación cultural de la "aldea mundial". Se trata por lo tanto de una batalla política en un sentido "difusa" (en tanto se despliega dentro y fuera de la empresa), pero en otro "precisa", en tanto la resistencia espontánea a las nuevas servidumbres sólo puede dar lugar a la acción consciente a través de fuerzas socio-políticas que representan a los trabajadores asalariados o involucrados en otras formas de trabajar vinculadas con formas organizativas colectivas y en redes (por ejemplo, cooperativas, asociaciones de pequeños empresarios, etc.) y formas de participación en la vida comunitaria (como ciudadanos, consumidores, etc.).

Los trabajadores contratados por grandes empresas son una elite, rodeados de trabajadores de empresas contratistas organizadas en red como proveedores. Si ésta no se moviliza, es difícil establecer la centralidad socio-política en un mundo del trabajo heterogéneo y fragmentado, dentro del cual predominan diversas formas de trabajo asalariado disperso junto con empresas pequeñas y microemprendimientos familiares. El postfordismo acrecienta la productividad del trabajo con menos trabajadores, lo que provoca desempleo. Es un resultado del "*reengeneering*"). En consecuencia, los trabajadores de las empresas transformadas viven su calidad de "elite" en forma ambivalente, en tanto producen más riquezas en un mundo del trabajo segmentado y generador de desempleo. Además, en el interior del segmento de empresas transformadas se instala la competencia entre los propios trabajadores, patéticamente agravada por la inestabilidad en el trabajo. En este contexto, esa "elite" de trabajadores sólo podrá jugar un papel de "vanguardia" si sus organizaciones representativas son capaces de representar-coordinar a la heterogeneidad y asimetrías entre las diferentes formas de trabajo. La base de la autonomía reside en la presencia socio-política sindical en la empresa, pero ello ya no es suficiente para garantizarla en tanto en fronteras del sindicato deben romper los límites de la empresa y arraigar como institución movilizadora de las variadas acciones progresistas que se generan en el interior de la sociedad civil. Es que el trabajo altamente productivo no puede abstraerse de lo que genera en el entorno social.

Al mismo tiempo, es necesario recordar una idea ya planteada: el paradigma toyotista no excluye sino que integra al paradigma fordista. En efecto, en la propia Toyota sólo en la fábrica de montaje rigen los métodos del ohnismo, y esta suele agrupar entre el 10 y el 20% de la mano de obra, mientras miles de empresas subcontratistas producen piezas y trabajan según sistemas de calificaciones y salarios propios del fordismo con un fuerte componente de trabajo precario no sindicalizado. En el 2000 las 500 firmas norteamericanas más importantes no empleaban a más del 10% de los asalariados permanentes y a tiempo completo. Como escribe Gorz (1998):

> "La mano de obra está dividida así en dos grandes categorías: un núcleo central compuesto por asalariados permanentes y de tiempo completo, capa-

ces de polivalencia funcional y de movilidad, y alrededor de ese núcleo una masa importante de trabajadores periféricos, entre los cuales hay una proporción importante de trabajadores precarios e interinos con horarios y salarios variables".

La externalización de procesos de trabajo, al reducir costos, potencia la capacidad de reinversión de las grandes empresas. Pero al mismo tiempo la externalización permite al capitalismo restablecer en segmentos del trabajo asalariado condiciones sociolaborales propias de principios del siglo XX: contratados, temporarios, precarios, son comparables a los trabajadores a destajo e intermitentes, sin seguros sociales ni negociación colectiva de principios del siglo pasado. Se abole así la "sociedad salarial", estructura luego entre la salida de la crisis de 1929 y la postguerra y se la reemplaza por salarios fijados por las leyes de mercado para la remuneración de las capacidades o "empleabilidad". El trabajo asalariado es ahora una "situación" y no una condición del trabajo. Surge así el *"jobber"* o trabajador que convierte a la precariedad en un estilo de vida, lo que sucede especialmente a jóvenes que experimentan la vida como sucesión de opciones, como libertad para escoger alternativas laborales y controlar la relación entre tiempo ocupado y tiempo libre. Para alcanzar la "libertad", aceptan salarios bajos y jornadas de 48 horas semanales. Conquistan así una soberanía ficticia como vendedores de la fuerza de trabajo, porque el "amo" está presente al fijarles los límites y sometimientos inherentes a las formas precarias de trabajar.

3. Salir de la sociedad salarial, entrar en la sociedad del trabajo

Se está saliendo de la "sociedad salarial" sin sustituirla por otra superior. Todos somos desempleados en potencia, con escasa conciencia de nuestra nueva condición común. Se degrada la cualificación del trabajo, dado que la precariedad obliga a realizar múltiples oficios. El capital restablece así su dominio sobre el trabajo al desorganizar a los trabajadores, y transformarlos en seres inestables psicológicamente al depender de las oscilaciones de la demanda de los mercados de trabajo.

El capitalismo creó las condiciones objetivas (relaciones sociales y técnicas de producción capitalistas), el movimiento obrero en alianza con el Estado las condiciones subjetivas (relaciones jurídico-laborales normativas de negociación entre las clases sociales), y así se conformó durante el siglo XX la llamada "sociedad salarial" (Gorz, 1998). La sociedad salarial se corresponde con la época industrial y la producción en masa para mercados homogéneos. El trabajo, en tanto trabajo abstracto, es cuantificable, susceptible de ser comprado y vendido en el mercado laboral y esta peculiaridad da lugar a la constitución de la "sociedad salarial". Es la condición para la formación de grandes sindicatos y conglomerados de masas político-partidarios socialistas y afines con el movimiento obrero. La sociedad salarial impulsa y consolida la cultura obrera formada desde la segunda mitad del siglo XIX en los países capitalistas centrales y algunos países periféricos de industrialización media.

La sociedad salarial se construye como articulación de intereses contradictorios. Por un lado, los empresarios necesitan trabajadores autodisciplinados para competir en mercados de masas. Por eso aceptan la negociación colectiva y la acción sindical, pero tratando de controlar la situación. Pero recurriendo a restricciones cuando las condiciones socio-políticas o económicas, o ambas combinadas a la vez, otorgan a los trabajadores un excesivo poder de negociación o directamente amenazan el poder político del capital. Por otro lado, a los trabajadores les interesa regular los procesos de trabajo para mejorar sus condiciones de trabajo y la estabilidad que genera el salario mensual. Pero al mismo tiempo construyen su identidad cultural contra la ideología del trabajo mercancía, sabiendo que en esta ideología está instalada la justificación de la autoridad empresaria sobre la fuerza de trabajo. El trabajo, por lo tanto, no es un "bien natural" para los trabajadores; más bien es sólo la condición de la reproducción de la fuerza de trabajo. Como tal, esta condición puede albergar también la competencia brutal entre los trabajadores por el empleo y el aceptamiento de las humillaciones que sufren por el capital son "históricamente inevitables". Como ha escrito Antonio Gramsci, los trabajadores pueden actuar como fuerza transformadora, pero tanto bajo ideales socialistas como fascistas (Macciochi, 1977).

El símbolo del capital es su atributo de generar empleos. Así se realiza como hegemonía cultural sobre el conjunto de las fuerzas sociales existentes en la sociedad capitalista. Pero se trata de una "verdad a medias", porque si bien es cierto que el capital es el núcleo de una civilización que se desarrolla organizando al conocimiento como progreso en espiral (en oposición a las sociedades precapitalistas, en las que el pensamiento se reproduce en una matriz de círculos estáticas), el capital es una relación social histórica (y por lo tanto finita) que se realiza como relación técnica en el proceso de producción y reproducción capitalista. El capital "crea empleo" porque ello es la condición de la reproducción del capital, lo mismo que genera consumo porque ello es una condición de la realización del capital. Luego, el trabajo para el capital es una cosa que se tiene o no se tiene, y la riqueza no es generada por el trabajo sino por el capital bajo sus formas de existencia concreta (industrial, comercial, financiera, etc.).

Como supuestamente el capital es lo que genera empleo, el capital puede también producir una metamorfosis teórica y sostener que el empleo lo crea en tanto es compatible con su "razón de ser", esto es, con la formación de empresas. Si los sistemas de trabajo y de remuneraciones afectan la reproducción del capital al bloquear las inversiones técnicas por restricciones a la capacidad de acumulación de la empresa, entonces el capital puede sostener que el trabajo es algo que "se tenía" pero que ahora "ya no se tiene" Así traslada el problema a la sociedad, que debe asumir que el capital sólo volverá a crear empleos si se le permite acumular lo suficiente para introducir innovaciones tecnológicas y reestructurar la competencia. Esto es lo que sucede actualmente. Se agrava por el hecho de que la tercera revolución tecnológica aplicada a los procesos de trabajo permite aumentar la productividad del trabajo con reducción del número de trabajadores (Marglin, 1977).

El capital ejerce actualmente su hegemonía sobre el trabajo asalariado acentuando un aspecto de su discurso ideológico: "lo que importa es tener trabajo, y para ello es necesario aceptar que el trabajo es flexible, intermitente y con salarios variables según la productividad". Lo único cierto en este discurso es que la "autorrevolución del capital" es condición para fundar una nueva perspectiva histórica para las sociedades de trabajar menos, que incluye la formación de redes productivas con otras formas de trabajar. La "sociedad laboral" de la época industrial está muerta. Ha irrumpido y se convierte en núcleo duro de la economía la "nueva economía informatizada". Pero ello sólo plantea, en nuevos términos, que sólo con la emancipación del trabajo se podrá desplegar a nivel planetario el potencial círculo virtuoso de ensamble entre diversas formas de trabajar, reorganizando para ello los mercados de capital en función de la primacía de la teoría del "valor trabajo" sobre todas las formas de existencia del capital (Bidet y Texier, 1992).

No se trata de abolir a los mercados, que son instituciones de realización material de las relaciones de producción y distribución, ni tampoco subsumir las diferentes formas de existencia del concepto de propiedad en el modelo utópi-

co precapitalista estatalista. Se trata de recuperar, refor-
mulándolas, las categorías abstractas de sociedad laboral
o sociedad del trabajo. Desde esta perspectiva, la actual
"autorrevolución del capital" se legitima como fase histórica progresiva o antesala de un nuevo impulso civilizatorio
de la teoría del valor-trabajo. Como ha dicho Deng Tsiao
Ping para China: "Hicimos la revolución socialista para crear
una sociedad de hombres libres y garantizar la continuidad de nuestra civilización, ahora tenemos que pasar por
el capitalismo para desarrollas las fuerzas productivas, pero
todo ello dentro de la fórmula del socialismo de mercado
para poder en el futuro retomar la senda del socialismo
proclamada desde el principio de nuestra revolución en
1949". Los marxistas chinos, herederos de una gran civilización, pudieron superar así los límites históricos del maoísmo, retomando las intuiciones del Lenin enfermo y su
discípulo Bujarin, cuanto entendieron tardíamente, entre
1921 y 1923, que la Nueva Política Económica (NEP) en la
Rusia Soviética no era sólo un respiro a la espera de la
revolución en Alemania, sino un modelo económico-social
que replanteaba todo el sistema socio-político soviético y
las relaciones de éste con el sistema de relaciones de fuerza a nivel internacional (Godio, 2000).

La sociedad del trabajo se derrumba bajo la iniciativa de
la economía política de la autorrevolución del capital. Para
comprender este dato histórico, las fuerzas socio-políticas
progresistas están impelidas a comprender que si el mundo cultural que las engendró está desapareciendo, sólo una
"revolución copernicana" en la forma de pensar permitirá
su revitalización. Esa revolución copernicana es una tema
ante todo para los "intelectuales orgánicos" de los partidos
progresistas y los movimientos sociales y los sindicatos.
Un cambio de mentalidades se ha producido en el interior
del mundo de los trabajadores, y se manifiesta como "am-
bivalencia" entre aceptar la globalización y las transformaciones en la empresa como cambios inevitables y

eventualmente positivos a la larga para los trabajadores y, al mismo tiempo, como un cambio que podría implicar para gran parte de los asalariados el retroceso a regímenes laborales de principios del siglo XIX, con descalificación y desempleo estructural masivo. La *intelligentsia* progresista, como sujeto transformador, debe saber descifrar el sentido contradictorio de la mutación cultural actual en el mundo de los trabajadores para que éstos puedan reconocer sus nuevos intereses colectivos.

El desafío, como dice Gorz (1998), es producir teóricamente los contenidos programáticos político-laborales para recrear la solidaridad entre aquellos que, viviendo en lo provisorio del trabajo, buscan construir nuevas autoafirmaciones para una vida más rica, más libre y más solidaria. El universo de trabajadores disponible es vasto y heterogéneo, y abarca desde aquellos que están empleados en los núcleos duros de las empresas transformadas, y que buscan utilizar los flujos de información para fortalecer su posición de clase en las empresas, hasta aquellos que Douglas Capland bautizó como "generación X", que son los jóvenes con diferentes niveles educativos que se resisten a morir a los treinta años, y que viven pasando de un trabajo temporario a otro al tiempo que preservan sus espacios culturales colectivos en asociaciones barriales, musicales, etc., en las que realizan actividades no remuneradas pero socialmente útiles (Capland, 1991). Se trata de racionalizar situaciones laborales diversas, desde aquella en la que la empresa sigue siendo el entorno que genera consciencia, de aquellos en los que la empresa ya no es una gran familia y "la vida está en otra parte", y que buscan equilibrar el trabajo-empleo con otras actividades de autoafirmación (los deseos de ser amos de su tiempo, de su vida).

La autorrevolución del capital ha cambiado sustancialmente al mundo, pero no ha terminado de atrapar culturalmente a los trabajadores, que si bien han sido derrotados por el impacto de las tecnologías del ciberespacio y la robótica sobre el trabajo, han sido también incorporados a un mundo de cambios intermitentes y de posibilidades infinitas. La autorrevolución del capital ha aumentado en forma gigantesca la productividad del trabajo, pero al mismo tiempo ha producido una profunda escisión entre trabajo y vida, que se manifestará en movimientos anticapitalistas masivos (Rodgers, 1994).

4. Reformular la relación entre mercado y planificación

Se impone una revisión de la tesis establecida por Marx sobre la relación entre mercado y planificación. Marx caracteriza al mercado (*El Capital*, sección 1) como la racionalidad del capital. Entre el mercado y el capitalismo existe una relación de retroalimentación continua, pero esa relación es fijada por la estructura de clases del capitalismo. Luego, las relaciones mercantiles, que son formalmente relaciones de libertad e igualdad, dan lugar en el capitalismo a relaciones de sujeción y explotación.

Pero, de ese análisis Marx saca la conclusión de que el socialismo (planificación) es incompatible con el mercado. Se apoya esta afirmación en el hecho cierto de que la concentración del capital hace disminuir la importancia del mercado y aumenta la coordinación, esto es, la organización de la producción (el modelo es la gran industria). Como la clase obrera aumenta en número y conciencia, la organización colectiva de los procesos de producción y distribución es la meta socialista. El socialismo y la planificación son las instituciones que dan fundamento constitutivo a la libertad. El poder constituyente socialista —la multitud organizada y expresada en un partido de clase y en la dictadura del proletariado— garantiza el triunfo definitivo de la organización sobre el mercado (Bidet, 2000).

Sin embargo, la práctica histórica del siglo XIX ha demostrado que esa tesis marxista no era correcta. Es probable que, de haberse producido una transformación socialista simultánea de los principales países capitalistas, el escenario de la planificación hubiese condicionado institucionalmente al escenario del mercado. Sin embargo, el mercado —como institución económica organizada de las relaciones contractuales entre los hombres— hubiese sobrevivido y probablemente ampliado su ámbito de regulación. El hecho histórico de que la predicción marxista de la revolución simultánea en "varios" países capitalistas desarrollados no se produjo, no sólo no detuvo la centralización y concentración del capital sino que potenció las diversas modalidades de mercado (de capitales y mercancías, de funcionamiento de las pequeñas y medianas empresas, etc.). La mitad de la población actual (3.000 millones de personas) continúa fuera de los mercados formales, pero practica diversas formas de relaciones mercantiles e informales o depende del asistencialismo, que es una modalidad primitiva y precapitalista de organización y distribución de bienes y servicios. Como corolario, el sistema soviético de planificación centralizada se desplomó y China y otros países asiáticos, para escapar a la tenaza histórica del capitalismo, han empezado un nuevo camino denominado economía socialista de mercado (Fanjul, 1994).

Por lo tanto, es necesario replantear el "programa teórico de *El Capital*": en realidad, las dos mediaciones —mercado y organización— no deben ser pensadas como sucesión histórica sino como co-implicación constitutiva (Bidet, 2000). Esta es la premisa democrática de la modernidad, porque permite compatibilizar y resolver la dicotomía interna a la categoría de "ciudadano-soberano", esto es, dota al hombre de la libertad de fundar y elegir como voluntad común una relación simétrica entre ambos términos, el mercado y la organización. De este modo se pueden desarrollar dos formas de contractualidad modernas, la contractualidad individual y la contractualidad central. Así, el socialismo es viable en tanto puede subsumir y superar al liberalismo y la centralidad del capital. Las mediaciones mercantil y organizacional son subsistemas (en el sentido de Habermas).

Ahora bien, el mercado forma clases sociales. Pero como hemos visto, también organización. Como escribe Bidet: "El capital es mercado y organización articulados en el proceso y la lógica de la explotación". En la interferencia entre mercado y centralidad capitalista se instala la dominación, pero también el conflicto de clases y la emancipación de los trabajadores. El trabajador asalariado no es sólo mercancía, puesto que su potencia parte de su centralidad crítica al proceso de la centralidad del capital (Coriat, 1981). O sea, para dejar de ser mercancía, el trabajo requiere un sistema de relaciones mercantiles cuya centralidad ya no es la centralidad del capital, sino la centralidad democrática de la empresa y la economía. La propiedad privada capitalista necesita ser abolida para la construcción de un sistema que dote al mercado y la centralidad de metas y regulaciones democráticas. Esto es, el Estado socialista. Así, la voluntad política colectiva es organizada como sociedad del trabajo sin explotación. Los trabajadores asalariados, formados en las relaciones sociales y los procesos capitalistas de mercado y organización, se realizan como fuerza social a través de sindicatos, partidos y diversos movimientos sociales (Candia, 2000).

Los trabajadores asalariados existen dentro de un arco histórico de clases sociales, existen dentro de formaciones económico-sociales. Por eso viven también la relación de dominación de base mercantil en coexistencia con campesinos, artesanos, pequeños comerciantes, pequeños productores de servicios, cooperativistas y ahora —por efecto de la tercera revolución tecnológica— junto con diversas categorías de trabajadores generados por la informatización y externalización de procesos de trabajo.

La lógica de la reproducción capitalista es poderosa, en la medida que se articula como dominación del mercado y la organización: pero su objeto es la reproducción del capital, no la reproducción de la sociedad. Por eso la lógica de la "revolución conservadora" consiste en apartar y suprimir todo lo que se oponga como el pleno empleo, la estabilidad laboral o los tejidos de protección social en los países del ex Tercer mundo. Pero la historia moderna no es solamente la del capital, sino también la del pueblo.

El socialismo ha entrado en la historia desde mediados del siglo XIX como organizador de los intereses de los trabajadores, pero también de los intereses de capas sociales no asalariadas dominadas por la meta estructura capitalista. El socialismo combate a esa hidra de dos cabezas que es la estructura de clases y capas sociales dominadas por el capital a través de su dominio en el mercado y en la organización. Pero el socialismo no es la supresión del mercado y la organización, sino la abolición de las relaciones de clase capitalistas que ellos suscitan. El objetivo del socialismo es el reordenamiento de las relaciones sociales económicas, a través de lo político. Pero lo político no es sinónimo de estatalidad y abolición política del mercado, que fueron las enfermedades del stalinismo que condujeron primero a la extinción del Estado de derecho y, al fin, a la disolución del sistema de "socialismo real". Lo político es la hegemonía socialista, y ésta no puede desplegarse solamente como "transferencia jurídica de la propiedad" sino como revolución cultural (a través de la educación y la información) e institucional (democratización de la empresa, sistemas de seguridad social y salud solidarios, protección del medio ambiente, etc.). El socialismo hace valer la planificación sólo en tanto sirve para depurar de dominación al mercado y a la centralidad de los procesos productivos, y en tanto sirve para democratizar al sistema-mundo, para dotar a éste de un "Estado Mundial" promotor de bienestar (Godio, 2000).

Marx se negó a prefigurar esquemáticamente al socialismo y al comunismo. Por eso, sostenía que el socialismo no era una utopía, sino el resultado y el producto del agotamiento histórico de la civilización capital. Es que lo único cierto es que el socialismo se ha desplegado en la historia hasta hoy a través de diversos esquemas de ordenamiento de la planificación, de las relaciones mercantiles y asociativas. Esos esquemas siempre se basan en acciones colectivas pero fundadas en distintos modos de distribución de la propiedad de los medios de producción, de la gestión del funcionamiento de los sistemas financieros, del acceso a la capacitación y a los mercados de trabajo, etc. La coordinación socialista es diversa, aunque siempre basada en la eficiencia, la productividad y la justicia. La hegemonía político-estatal socialista también admite diversos modelos de democracia, pero siempre basados en la "multitud consciente y organizada" como planteaba Gramsci retomando a Maquiavelo. La hegemonía política y la reorganización de la dicotomía mercado-centralidad sólo adquiere sentido socialista como apropiación colectiva de los valores de uso y la elección de las prioridades sociales para su producción.

5. Retraso de la política frente al mundo del trabajo

La política reformista tradicional, envanecida por su efímera metamorfosis en "sociedad política", hace oídos sordos a los cambios en el mundo del trabajo y ejerce el doble discurso: para el público, habla del "pleno empleo" con tono populista, sabiendo que lo único pleno a conquistar es el trabajo, cambiando los patrones productivos impuestos por el gran capital, y por debajo de la mesa acepta sin resistencia los cambios flexibilizados en los sistemas jurídico-laborales. La política se desplaza hacia los *mass media* y se aleja del pueblo, lo que es sumamente peligroso, porque fue la política la que permitió a los trabajadores durante los siglos XIX y XX elevar sus acciones de resistencia espontánea a la dominación del capital al plano consciente, lo cual reactuó fortaleciendo a los partidos socialistas y populares y a los sindicatos con la incorporación masiva de trabajadores como miembros o electores. El retroceso de la política, obviamente, afecta a los partidos de izquierda, mientras que en esos espacios avanzan las formaciones políticas renovadas de la derecha movilizadas por la revolución conservadora y una pléyade de Organizaciones No Gubernamentales (ONG's) asociadas a nuevas formas de asistencia social a los excluidos.

La sociedad salarial está moribunda, y con ella los roles laborales que la sustentaban. Sin embargo las necesidades de reproducir las sociedades por la socialización de sus individuos permanece intacta. Sin embargo, no se trata de socializar al estilo del funcionalismo sociológico, como adaptación a las expectativas del capital, sino como reorganización renovada de los fines morales e intelectuales solidarios que dieron origen al movimiento obrero.

Estamos saliendo de la sociedad salarial. El programa vencedor será el que acelere esta salida e imponga el diseño y funcionamiento de la sociedad post-salarial. Entonces, ¿cuáles son las líneas de fuerza de progreso posibles de traducir en políticas sociolaborales, y ensamblarlas en una perspectiva política de transformación y profundización de la democracia en el contexto de la mundialización de la economía? La clave para localizar esas líneas de fuerza e progreso (que se delinean como producto de la constitución actual del modo de producción capitalista) y autonomizarlas de los significados con que el capital pretende dirigirlas hasta llegar a su agotamiento como alternativas inviables. A su vez, cada línea de fuerza de progreso, para autonomizarse del capital, requiere cumplir con un requisito: ser traducida como guía para la acción en realidades sociolaborales específicas.

Es imposible generar nuevos espacios al trabajo y al empleo —en las condiciones de la tercera revolución tecnológica— sin reformular la lógica del capital, es decir aumentando la productividad y la rentabilidad empresaria a través de un doble proceso de redistribuir el excedente económico para aumentar la capacidad de inversión productiva de los productores independientes o colectivistas, y por otro lado redistribuir el tiempo de trabajo.

Un nuevo enfoque de la recreación del trabajo en sociedades post-salariales debe asentarse en dotar de una nueva racionalidad al funcionamiento de las empresas, sean estas privadas o en distintos sistemas de asociación. Sin empresa productivas y rentables el trabajo abstracto no puede encarnar en sus formas concretas de existencia. Pero esta propuesta para ser sólida y asegurar su atributo de "guía para la acción" debe contener respuestas específicas a un mundo del trabajo donde lo diverso —esto es, las determinaciones concretas del trabajo abstracto— predomina como resultado de la combinación de diversos métodos de trabajo y del entrelazamiento y yuxtaposición de distintos modos de producción históricos en las formaciones económico-sociales nacionales. La meta es edificar mundos de trabajo "multiactivos", en los cuales se articulan diversas formas de trabajar y al mismo tiempo se producen cortes transversales en las relaciones sociales y técnicas de producción en las empresas.

Un ejemplo de las nuevas realidades sociolaborales se refiere a la redistribución del trabajo en las empresas: la fórmula más conocida y válida es una nueva disminución de la jornada de trabajo, fórmula en aplicación en algunos países europeos (Francia y Holanda). Se apoya en el aumento de la productividad del trabajo y puede ser asociada con diversas fórmulas de reorganización del trabajo (que giran sobre anualización de la jornada de trabajo) y de disminución de los niveles salariales. La diminución salarial es compensada por la acción estatal-comunitaria de revalorizar el uso asociado del tiempo de trabajo socialmente no remunerado, para mejorar la calidad de la vida comunitaria. La multiactividad, en este nivel, es un instrumento para subordinar la empresa y sustraer al capital a los campos socio-políticos que abre el tiempo de trabajo liberado.

La megaempresa moderna se organiza como estrella. Entonces, ¿por qué no plantear que el conjunto de la empresa madre y las subsidiarias se organicen en *pool* la disponibilidad del trabajo para trasladar personal a alguna (o varias) de ellas, en la que falte temporalmente mano de obra? Fue la propuesta de la "relación Boissonnat" en 1995, en Francia (Comisariado General, 1995). La relación Boissonnat era aún más amplia, en tanto incluía en esa concepción de la pluriactividad a otros campos como colectividades locales, escuelas, etc., que podían absorber mano de obra excedente temporalmente de las empresas, bajo la modalidad de "licencia de formación". De este modo, la empresa es incorporada como parte activa dentro de la "planificación social", lo cual no es del agrado de los empresarios que entienden la "función social " de las empresas como proveedora ocasional de subsidios a entidades de bien público, que funcionan también para establecer formas de vasallaje de los espacios sociales a las empresas. Se debería insistir en la aplicación del concepto de "pluriactividad", porque de este modo las formas de empleo flexibles y discontinuas se reencuentran con la estabilidad a través de nuevas formas de sociabilidad, que incluye también el reconocimiento real de la función social de la empresa. La pluriactividad es una categoría socio-política, que se despliega a través del trabajo en la dirección de hacer prevalecer la autonomía de los trabajadores fusionados con la sociedad en detrimento de la visión corporativa-empresarial del empleo. La pluriactividad es hoy parte del fin de la sociedad salarial pero reafirmando a su vez la emancipación del trabajo asalariado del capital. Por lo tanto, es el fin de una sujeción corporativa (ejercida en el espacio geográfico de la empresa), pero es al mismo tiempo una reafirmación del

salario como forma de remuneración del tiempo socialmente necesario para reproducir la fuerza de trabajo,
produciendo diversidad de bienes materiales y sociales.
La "pluriactividad" puede convertirse de ese modo en el
núcleo duro de una propuesta de acción política de crítica al capital históricamente viable.

6. El concepto de ingreso social suficiente

La subsunción de la "autorrevolución del capital" en un
proyecto societario solidario implica la eliminación de sus
componentes reaccionarios (la hegemonía del capital financiero a nivel mundial sobre el tejido productivo, la precarización del empleo como nueva forma de sometimiento del
trabajo al capital, etc.) y la asimilación de sus aspectos
revolucionarios (el paso del trabajo parcelario del fordismo
a la polivalencia funcional y la autonomía de los colectivos
de trabajo, la articulación informatizada de los procesos de
trabajo, el nuevo impulso a la estructuración en red de las
empresas y actividades económicas, etc.). No es posible
restablecer como dominantes las condiciones de trabajo
del fordismo o el igualitarismo rústico del socialismo real.
Pero sí es objetivamente posible redireccionar positiva-
mente la relación entre sociedad y mercado iniciada en
el siglo XIX y truncada afines del siglo XX, "agrandando"
las salidas de la sociedad salarial a través de políticas
públicas que promuevan la instalación de nuevas relaciones sociales sustraídas a la lógica del "libre mercado",
del dinero, de las discriminaciones por sexo y etnia, etc.
Esas políticas públicas deben cumplir —como adelantó
Gorz— ciertos requisitos, a saber: garantizar a todos los
ciudadanos un ingreso suficiente, combinar la distribución del trabajo con liberación a las cadenas políticas
que impiden a la mayoría de la población del mundo
trabajar productivamente y por último favorecer la im-

plosión de las nuevas formas de sociabilidad y cooperación frenadas hoy por el capitalismo neoliberal y sus instituciones de coerción políticas y culturales.

La precarización y la temporalidad en el empleo están en ascenso. La lucha contra estas manifestaciones reaccionarias de la reestructuración de las empresas se inicia en la fábrica. Pero el escenario de la batalla final se desarrolla en la sociedades, que son las que viven en forma colectiva el impacto de las nuevas formas de esclavitud de los trabajadores y en la degradación de la vida social cotidiana por el darwinismo social, la desmoralización y desarticulación de las familias, la destrucción de los espacios públicos a favor del *shopping center*, la ausencia de ideales en la juventud y su búsqueda de sucedáneos en las drogas, etc. Las sociedades, en particular la de los países del Norte, perciben que la seguridad no pasa por reclamar el regreso al viejo Welfare State, sino por exigir seguridad de ingresos en sociedades multiactivas.

El Estado de Bienestar mejora los salarios a través de ingresos de redistribución (asignaciones familiares y de vivienda, seguros de desempleo y enfermedad, ingresos mínimos de reinserción laboral, pensiones mínimas por vejez, etc.). Estos bienes sociales son hoy recortados tanto en los países capitalistas industrializados como periféricos. El argumento general es que esos gastos sociales reducen la capacidad de inversión. El desempleo, para la teoría neoclásica, opera en los países desarrollados como reaseguro, dado que empleos no calificados y de baja productividad en aquellos países no garantizan la competencia con países de bajos salarios.

Es necesario reconocer que la mundialización de la economía construida en un tejido de libre comercio, movilidad de capitales y competitividad, con la potente cobertura ideológica de la revolución conservadora, hace difícil la defensa de los viejos principios del Estado de Bienestar. Luego, de lo que se trata es de contraatacar con una propuesta más avanzada política y técnicamente de garantizar ingresos a cada unidad familiar socialmente suficientes para liberar las restricciones impuestas a los salarios por los mercados (CIOSL-ORIT, 2001).

Todo ciudadano tiene derecho a un ingreso social suficiente, lo que significa que como ingreso social de base debe facilitar a los trabajadores organizarse para no aceptar trabajos indecentes y al mismo tiempo contar con un mínimum para la subsistencia familiar. No se trata de un ingreso de asistencia. Se trata de una propuesta que puede facilitar la reorganización cultural y política de fuerzas sociales mayoritarias en las sociedades para retomar la larga marcha hacia sociedades solidarias. A partir de esa meta redistributiva se crean las condiciones para que la economía política pueda elaborar medidas técnicas viables que demuestren que el ingreso social es un estímulo de progreso social y técnico. Se inscribe esta propuesta en la dirección teórica que marcó el movimiento obrero europeo en el siglo XIX, al demostrar que la jornada de trabajo de 8 horas, fuertemente resistida por el capital como "causa de quiebre empresarial", en realidad actuó como motor de la introducción de nuevas tecnologías productivas y de gestión que mejoraron la productividad de las empresas.

En las condiciones de agotamiento de los yacimientos de trabajo fordistas, de bloqueo a la creación de empleos en los países del Sur, y de inicio de la era laboral de la pluriactividad, la asignación universal de un ingreso suficiente establecen en una nueva direccionalidad política, para que los individuos y colectivos de ciudadanos puedan integrar tanto sus acciones para mejorar los salarios como satisfacer a través de su "trabajo libre" parte de las necesidades sociales individuales o colectivas planteadas en los entornos socioculturales. Por lo tanto, el ingreso social no es para "vivir sin trabajar", sino para otorgar las posibilidades de autoestima y fuerza moral para salir de la "soledad privada" del desempleo y poder instalarse como ciudadanos. La propuesta de asignar a todo ciudadano un ingreso social suficiente no se concretará, seguramente, sin fuertes confrontaciones políticas con las fracciones del capital asociadas a la cultura de renta y a prácticas empresarias de superexplotación de los trabajadores. La asignación de un ingreso social suficiente puede estar asociada a formas de trabajar (por ejemplo, actividades voluntarias de cuidado, educación, de utilidad general), pero siempre que preserve su sentido original —satisfacer socialmente las necesidades como prefiguración de una sociedad no salarial— y no como actividad "voluntaria obligatoria" que determine la exclusión de un segmento de la sociedad condenado a ser parte de un "tercer sector" de baja productividad e ingresos, en términos brutales, un "tercer sector" de los pobres y excluidos, soportable por el capital en tanto reserva de ilotas, y por lo tanto base para la amenaza permanente sobre la fuerza laboral ocupada en los sectores dinámicos de la economía capitalista:

> "Si se quiere que la asignación universal de un ingreso de base esté ligada al cumplimiento de una contraprestación que la justifique, es preciso que esta contraprestación sea un trabajo de interés general en la esfera pública, y que ese trabajo pueda tener su remuneración (en este caso, el derecho a la asignación de base) como fin, sin que eso altere su sentido.
> Si es imposible cumplir esa condición y si se quiere que la asignación universal sirva para el desarrollo de actividades voluntarias, artísticas, culturales, familiares, de ayuda mutua, etc., entonces es preciso que la asignación universal sea garantizada incondicionalmente a todos. Pues sólo su incondicionalidad podría preservar la incondicionalidad de las actividades que no guardan todo

su sentido más que si son cumplidas por sí mismas" (Gorz, 1998).

Es cierto que la asignación universal exige de hecho otra economía, en la que los precios ya no reflejan el costo del trabajo. Pero es lo que está sucediendo de hecho en las economías post-industriales, en las que el capital constante ocupa cada vez más el lugar del capital variable (salarios), por el impacto de las nuevas tecnologías informáticas —la tecnociencia— sobre la productividad. La planificación de precios y remuneraciones, expulsada de la teoría económica por la ofensiva neoclásica, vuelve a introducirse a través de regímenes de producción en los que pierde importancia la teoría del valor-trabajo, al tiempo que se plantea la necesidad por parte de las sociedades de instalar nuevos modelos ecónomico-sociales solidarios. El producto nacional (o escala de regiones) comienza a ser pensado como un bien colectivo, susceptible de ser socialmente distribuido no como salarios, según el volumen de riquezas socialmente producidas. La perspectiva de un sistema económico solidario se plantea como meta futura a conquistar, pero la implantación progresiva del ingreso social suficiente es una tarea del presente. Ahora bien, este tipo de ingreso es al mismo tiempo inseparable de las acciones económicas para aumentar la productividad del trabajo en las empresas y economías adaptadas al desarrollo armónico de las fuerzas productivas, lo cual plantea a los trabajadores la inevitable decisión de "competir" con el capital en estos terrenos, competencia que es ideológica, política y técnica. Forma parte de una estrategia de objetivos múltiples de "liberar al trabajo" de sus cadenas, ya sea desarrollando capacidades en el tiempo libre como conquistando el derecho al trabajo productiva en las economías atrasadas y dependientes de los países del ex Tercer Mundo.

7. Redistribuir el trabajo y liberar el tiempo

Redistribuir el trabajo y liberar el tiempo es un componente fundamental para una nueva economía solidaria. Es el horizonte que moverá al mundo de los trabajadores, del mismo modo que en el pasado lo fueron la jornada de trabajo de 8 horas y la regulación de los salarios por negociaciones colectivas, metas estas cuya conquista efectiva no ha sido definitiva en el capitalismo. Pero así se desarrolla la nueva civilización solidaria, sumando pisos sociolaborales firmes históricamente, pero inestables según los tipos de capitalismo y la relación de fuerzas entre el capital y el trabajo en escala de la mundialización de la economía (Vargas Valente, 1996).

La reducción del tiempo de trabajo se desarrolla actualmente en los países industrializados. Pero no se trata de un proceso "neutral", porque en su interior luchan entre sí modalidades de reducción que responden a intereses del capital con modalidades que responden a las posiciones de los sindicatos y los trabajadores. En efecto, grande empresarios en algunos países (Japón, Alemania, Gran Bretaña) han aceptado la reducción del tiempo de trabajo, pero transformándolas en adecuación del trabajador a las necesidades temporales de la empresa (horarios flexibles, estacionales, discontinuas), de modo que la empresa se apropia en forma absoluta del tiempo de trabajo. Esta apropiación del tiempo adopta en la legislación laboral las formas de contratos temporarios, de tiempo parcial, a distancia, etc.

Es cierto que el tiempo de trabajo según jornada o anualizado puede ser repartido y evitar despidos, pero sólo si la reestructuración del trabajo y la reducción de la jornada son asociadas con el aumento de la proporcion de los empleos estables permanentes. De este modo, las diferentes formas de discontinuidad laboral forman parte del derecho al trabajo estable. Por ejemplo, en los Países Bajos y en Dinamarca se ha generalizado el tiempo reducido (los trabajadores pueden elegir entre distintas opciones por semana, o por meses), pero con contratos estables, y durante los períodos de licencia pueden ocupar esos puestos de trabajo personas desempleadas. Dicho de otro modo, discontinuidad no necesariamente es sinónimo de precariedad laboral (de aceptación de la apropiación por la empresa del tiempo de trabajo bajo las formas de contratación interiores, temporales, etc.), sino que es potencialmente una fuete de seguridad y al mismo tiempo de ejercicio del derecho a cambiar de trabajo, a cambiar de empresa, a experimentar nuevos modos de vida y nuevas actividades.

Compartir el trabajo debe ser sinónimo de reconocer a todos el derecho al trabajo y el derecho al no trabajo. Esta formulación completa la idea de una visión progresista de la reestructuración del trabajo, puesto que incorpora la idea del ingreso social condicional durante la intermitencia del trabajo-empleo, para hacer posible las nuevas contrataciones que pueda requerir la empresa durante el período de licencia de grupos de trabajadores.

Todas las modalidades de ingreso social suficiente —desde la modalidad básica de proteger a los desempleados y ayudarlos a encontrar empleo o generar trabajo como empresarios, hasta la modalidad de elección de los tiempos de trabajo que hemos asociado con la reducción de la jornada de trabajo— suponen un alto grado de "racionalidad económica" y de valoración sociocultural del trabajo. Debe entenderse aquí por "racionalidad económica" un sistema económico en que el aumento constante de la productividad del trabajo es la clave para satisfacer esas necesidades de las sociedades, la eficiencia de las empresas es un valor asumido por las sociedades y la reestructuración del trabajo la herramienta básica para reorganizar a las empresas y la economía en función de lograr un estadio civilizatorio superior al capitalismo. En este contexto, la garantía de un ingreso social de base y la extensión del tiempo disponible son multiplicadores de la productividad del trabajo.

El valor del uso del tiempo liberado requiere una adaptación de las ciudades: el urbanismo, los transportes, las viviendas y los equipamientos deben facilitar las autoactividades. Esto implica la construcción de ciudades policéntricas, inteligibles, donde el barrio ofrezca alternativas de espacio y tiempo para las autoactividades, los autoaprendizajes, los intercambios de servicios y saberes, etc. y a través de grupos, talleres, clubes, cooperativas, centros culturales, redes laborales, campos de deportes, etc. Estos cambios en las ciudades responden a los cambios en las mentalidades y a la construcción de nuevas subjetividades solidarias sustraídas al poder del Estado y de los mercados (dinero). Los cambios se organizan en instituciones de intercambio locales que tienen antecedentes históricos (momentos de crisis económicas han surgido como instituciones de trueque de bienes servicios y luego han adoptado formas mercantiles en la que se intercambian trabajos sin la intermediación del capital). Pueden incluir la existencia de "moneda-trabajo" como unidad convencional limitada para intercambiar bienes y trabajadores, y estructurarse a través de círculos "solventes", constituidos por personas con diferentes capacidades, competencias y talentos (Gorz, 1998). Lo sustancial de los círculos "solventes" o de cooperación es que generan formas de trabajar "ecosociales", en las que las monedas locales aumentan la capacidad de la población de control sobre la producción de valores de uso y su metamorfosis en valores de cambio excluidos de la lógica del capital. La informática es una gran herramienta para activar y regular los intercambios de los bienes en tanto valores de uso. Esos intercambios de valores de uso pueden incluir nuevas formas de reconstrucción del Estado de Bienestar a través de diferentes servicios (por ejemplo, que jubilados sanos atiendan a personas dependientes recibiendo como contraprestación réditos para recibir cuidados cuando lo necesiten). Se promueve así la cooperación solidaria entre iguales, y se descarta el voluntariado de beneficencia propio de la moral hipócrita de las clases altas propietarias. Son relaciones de cooperación no salariales, vividas como "libres" y "no alienadas". Pero no son relaciones que se puedan construir al margen de la política, porque suponen el soporte de fuertes voluntades políticas que se corporizan en el Estado y en instituciones (partidos, sindicatos y nuevos movimientos sociales).

8. Nuevas políticas laborales y sindicales para una sociedad del trabajo

La autorrevolución del capital incluye lo que se ha llamado "crecimiento sin empleo", que se explica por a) la aplicación de las nuevas tecnologías a los procesos de producción y gestión de las empresas y b) por la adecuación competitiva de las empresas a los mercados "globalizados". Se trata de un fenómeno mundial, con epicentro en los países desarrollados, con prolongaciones en los países del Sur. El concepto de "crecimiento sin empleo" es un componente de la economía capitalista postindustrial.

Desde inicios de la década del setenta comenzaban a ser visibles dos nuevas realidades en la economía y en las empresas, a saber: la aplicación combinada en las fábricas y oficinas de la robótica, la automatización y la introducción de la informática a los procesos y productos estaban señalando el inicio del fin del fordismo y el nacimiento de formas de trabajo en las que el capital constante se autonomiza relativamente del capital variable. O sea, el "trabajo muerto" (máquinas, instalaciones, etc.) se desarrolla ahora a expensas del "trabajo vivo", esto es, la fuerza de trabajo. El aumento de la productividad del trabajo descansaría en la aplicación masiva de las nuevas tecnologías, a expensas del número de trabajadores ocupados en las empresas. Al mismo tiempo se imponían los sistemas de producción y gestión japoneses que hemos analizado (toyotismo, *just-in-time*, etc.) que valorizaban a) el involucramiento de la fuerza de trabajo en los procesos de producción a través de nuevas formas de organización y participación (por ej., círculos de calidad y equipos de trabajo) y b) nuevas modalidades de remuneración (plus salarial por adquisición de conocimientos profesionales o "formación continua", plus por aportes a la innovación, etc.) en detrimento de otras formas de remuneración tradicionales (bonificaciones por antigüedad y presentismo). También se da inicio a nuevas regulaciones del tiempo de trabajo como la anualización de la jornada y la ampliación de la jornada semanal de trabajo a empresas de servicios (supermercados, shopping-centers, etc.). Estos cambios en la organización del trabajo buscan institucionalizar nuevas formas de disciplinamiento de los trabajadores. El objetivo es recuperar la autoridad empresarial para montar empresas "ágiles", capaces de adaptarse a los cambios en los mercados, reduciendo costos y riesgos. Nace así la llamada "empresa de variedad", en oposición a la rigidez de la empresa fordista de producción estandarizada. Se da inicio así al fenómeno del "desempleo tecnológico".

La transformación de las empresas coincide en Europa con el fin de los "treinta años gloriosos" iniciados con la reconstrucción económica a partir de 1945: en los años '70 el estancamiento de las economías de los países industriales es persistente y las fórmulas keynesianas de recuperación a través de la expansión de la demanda efectiva ya no resultan eficientes. Así, tanto la aplicación de una parte sustancial del excedente económico utilizado para financiar el gasto social como también ciertos derechos laborales (salario mínimo, salario vital y móvil, indemnizaciones por despidos, etc.) son considerados por el empresariado como costos salariales que bloquean la acumulación y la inversión, esto es, la transformación tecnológica de las em presas. Así, toda la estructura del Welfare State de inspiración keynesiana y socialdemócrata comienza a ser criticada desde las usinas ideológicas del neoliberalismo. Ahora ya no son imprescindibles los grandes pactos laborales tripartitos y bipartitos, necesarios en la postguerra para frenar al comunismo, reactivar la economía y dotar a los regímenes políticos capitalistas de la base social necesaria y la paz laboral. Así, se despliega en Europa Occidental, bajo inspiración ideológica de la derecha política y empresarial, una gigantesca operación mediática acusando a la socialdemocracia y los sindicatos de frenar el progreso económico y social por defender las llamadas "rigideces" en el mercado de trabajo (Devine, 1992).

El neoliberalismo da carta de ciudadanía a la llamada "flexibilidad laboral". Este concepto ambivalente expresa tanto la necesidad objetiva de producir cambios en el contenido, organización y reglamentación del trabajo asalariado como la finalidad empresaria de aumentar su poder en la empresa fomentando la competencia entre los trabajadores se debilita a los sindicatos a través de la desregulación del mercado de trabajo introduciendo la precariedad en la contratación de la fuerza laboral. Se generaliza así la idea simplista que sólo la "flexibilidad laboral" puede resolver el desempleo al abaratar los costos salariales. La fórmula es exportada a los países del Sur, donde lo que predomina en el mercado de trabajo es la informalidad y las restricciones a las negociaciones colectivas, que nada tienen que ver con el bloqueo a las inversiones en las empresas locales, sino que, por el contrario, son más bien manifestaciones de capitalismos atrasados y dependientes.

En los años setenta, los sindicatos europeos, norteamericanos y de otros países de industrialización intermedia (Argentina, Brasil, Nueva Zelanda, Canadá, etc.) reaccionan inicialmente frente a la ofensiva ideológica neoliberal con la defensa de los valores del viejo Welfare State y los pactos nacionales de negociación laboral. Pero se trata de una reacción defensiva. La "revolución conservadora" con epicentro en EE.UU. ("reaganismo") y Gran Bretaña ("thatcherismo") está en condiciones, especialmente por su fuerza simbólica, de penetrar en segmentos de trabajadores asalariados que comienzan a aceptar la primacía de los valores del individualismo y la competencia, en detrimento de los valores de solidaridad de clase.

La dispersión estructural que genera el desempleo, combinada con la disminución del empleo industrial, erosionan la vieja cultura obrera, basada en tradiciones de solidaridad de clase (socialistas, comunistas y sindicalistas), y dan origen a una nueva "cultura del trabajo", basada ahora en aceptar la inestabilidad y movilidad en el empleo como un "valor positivo", como una forma de liberarse de las cadenas del trabajo monótono de por vida. Esta nueva cultura del trabajo se extiende principalmente entre los jóvenes como valores "libertarios", en tanto las rápidas mutaciones en el mercado de trabajo con mayores niveles de capacitación permitan a los jóvenes sobrevivir con empleos eventuales. La crisis y descrédito del "socialismo real", y la dificultad objetiva de los socialismos reformistas para enfrentarse a los cambios, concurren a legitimar al neoliberalismo. Sin embargo, desde fines de los años ochenta comienza un replanteo teórico en el interior de los partidos y movimientos sindicales, principalmente en Europa Occidental, pero también en EE.UU. y en países del Sur. El replanteo teórico abarca varios asuntos, interdependientes pero específicos y particulares, a saber:

a) se acepta que innovaciones productivas en las empresas contienen aspectos revolucionarios, y que es necesario operar sobre ellos para contar con una plataforma sindical apta para reinstalar la centralidad de la fuerza de trabajo asalariada; comienza así una profunda revisión de las prácticas sindicales;

b) se registra que, bajo las variadas formas de limitación del trabajo asalariado como la reducción de plantillas, el desempleo y el desplazamiento de trabajadores hacia la búsqueda de trabajos eventuales, se está viviendo el inicio del fin de la forma de trabajar, basada en el "empleo de por vida", inherente al capitalismo industrial;

c) se percibe que se está agotando un tipo de sindicalismo que basaba su representación sólo en la fábrica y en grandes sindicatos de rama. Ahora, al tiempo que se renuevan las prácticas sindicales específicas al trabajo asalariado en las empresas, es necesario abordar desde una perspectiva "socio-política" las variadas demandas que se originan en mercados laborales fragmentados, y a los intentos de legitimar nuevas formas de trabajar, asociadas a la potencialidad de nuevos movimientos sociales como el ecologismo y el feminismo, y otras. Así, un torbellino de nuevas ideas se hace presente en el mundo de los sindicatos para fundamentar un sindicalismo "socio-político" fuertemente asentado a nivel de las empresas.

La validez de paradigmas laborales, sociales y políticos para una nueva teoría del progreso descansa en el atributo de universalidad, que es la condición necesaria para una confrontación política creíble y viable frente a la universalidad del neoliberalismo y la revolución conservadora. La efectividad de esos paradigmas reside, en última instancia, en si dan cuenta y plantean respuestas para resolver las contradicciones que se generan en un mundo del trabajo globalizado. Por eso, los debates sobre el trabajo en el interior de la izquierda y los sindicatos progresistas se desarrollan en el escenario de la mundialización y la regionalización: estos debates se centran en el concepto y efectos de la llamada "nueva economía" sobre el sistema-mundo. La hegemonía cultural neo-liberal y las dificultades de la izquierda para elaborar sus propios paradigmas de cara a la "nueva economía" ha generado cierta influencia neoliberal sobre el socialismo. Para aclarar lo anterior, es necesario seleccionar algunos temas sustanciales, tratando de "descubrir" que líneas de fuerza se perfilan en cada uno de ellos, a saber: a) mercado de trabajo, estabilidad y jornada laboral, b) reforma del Estado y concepto de ciudadanía social, y c) procesos de integración, planeamiento y construcción de sistemas político-institucionales supranacionales (Elson, 1998).

La sustitución de la figura del "empleo estable por tiempo indeterminado", inherente a los "treinta años gloriosos" del keynesianismo y del Welfare State en Europa (1945-1975), por contratos a tiempo determinado con menores cargas indemnizatorios para facilitar las inversiones en las empresas, está dando lugar a espacios sociolaborales articulados sobre otros aspectos de la estabilidad en el trabajo que deben ser incluidos en la negociación colectiva, como son la información y consulta empresaria a los sindicatos antes de proceder al despido. Así, la estabilidad en el empleo se asocia con la participación de los trabajadores en la gestión empresaria.

La gestión de la mano de obra en las nuevas fábricas con el método de "*just-in-time*" se articula sobre la base de "operadores". Este nombre, conocido desde hace una década en la industria automotriz y otros sectores nuevos industriales, disuelve la distinción entre trabajadores calificados y no calificados Se crea así una categoría homogénea e indiferenciada de asalariados. El término es rechazado entre las viejas categorías socioprofesionales por descalificante. Pero es aceptado por los jóvenes, que identifican la categoría descalificadora "obrero" con mano de obra, mientras que "operador" se identifica con el trabajo electrónico. Así, se concreta la derrota simbólica de la vieja clase obrera, porque "ser obrero" sería sinónimo de identificación despectiva con las antiguas culturas socialistas (Rojas y Proietti, 1992).

Los operadores —que son jóvenes de entre 20 y 30 años— son reclutados para trabajos de corta duración, renovados según su disponibilidad y lealtad con la empresa. No ejercen un oficio, sino trabajos puntuales ligados a proyectos (por ejemplo, fabricar tantas piezas de un auto). Son asalariados temporales, contratados independientemente del diploma, y cobran salarios mínimos. La promesa empresaria es que pueden llegar a ser trabajadores permanentes con salarios individualizados. Los jóvenes asalariados reconocen que se trata de "empleos basura", pero la carencia de cultura obrera los hace dóciles. En definitiva, son "los obreros que el capitalismo siempre soñó".

La mayoría de los jóvenes obreros "operadores" trabajan en empresas pequeñas y medianas, lo que favorece que no sean sindicalizados, a diferencia de los trabajadores de grandes empresas, donde es común que exista representación sindical. La externalización de procesos y productos por parte de las grandes empresas acentúa el aumento de los operadores. En este modelo de división del trabajo que disgrega a la clase obrera se logra que los contratos de rama no incluyan a los jóvenes asalariados precarios. Desaparecen así las antiguas protecciones sociales (estabilidad laboral), políticas (la existencia de fuertes sindicatos) y simbólicos (la pérdida de identidad de clase). De allí que los sindicatos califiquen a estos cambios en la estructura del trabajo como un regreso al siglo XIX, porque no se trata sólo de restablecer el autoritarismo empresarial, sino la vía para que parte de esos trabajadores "operadores" se transformen en el futuro en excluidos. Los jóvenes operadores viven en lo provisorio y no piensan en seguir en la fábrica, lo que bloquea la construcción de colectivos de trabajo, esto es, una cultura del trabajo y de resistencia.

El capitalismo ofrece a los trabajadores ser parte de la modernidad. Esta propuesta ya se inicia en la escuela, que educa a los jóvenes en los valores del esfuerzo y la capacitación individual. Los hijos de familias de obreros educados en la "polivalencia ocupacional" cuestionan a sus padres por haber gastado sus vidas en la rutina del trabajo estable y su adhesión a los sindicatos. En el caso de familias de trabajadores inmigrantes, esa ruptura incluye también en muchos casos el rechazo a las culturas y lenguas originarias, causante según esos jóvenes operadores de consolidar la marginalidad dentro de la unidad nacional-estatal. Como se observa, sólo si los sindicatos asumen las complejas demandas provenientes del mundo sociolaboral de los jóvenes trabajadores podrán incorporarlos a la acción sindical.

El trabajo a tiempo parcial se ha transformado en muchos países en la herramienta para incorporar masivamente a la mujer al empleo asalariado, dando lugar a la lucha por derechos laborales específicos al doble trabajo femenino (fábrica + hogar), como hemos analizado. También, el objetivo de reducir la jornada de trabajo, que incluye en muchos casos la disminución salarial, se está convirtiendo en varios países europeos en un interesante proceso de cambio en la "cultura de empresa" en la que empresarios y trabajadores discuten como preservar los estándares de productividad y competitividad con jornadas de trabajo más reducidas y preservación de los niveles salariales. Como es sabido, la disminución de la jornada de trabajo no puede crear empleo masivo, pero sí ser una respuesta correcta a los nuevos estándares organizativos de los procesos productivos y de organización del trabajo que se corresponden con el impacto de la tercera revolución tecnológica sobre las empresas. Como hemos planteado anteriormente, de este modo la antigua tesis marxista de que las innovaciones tecnológicas objetivamente crean las condiciones para que el capital muerto vaya liberando de sus cadenas al capital vivo a través del acortamiento de la jornada laboral, se abre camino a través de formas originales: la legislación laboral, los acuerdos marcos, o la negociación colectiva, o un mix entre esas instituciones laborales (Gautie, 1998)

Resulta cada vez más evidente que el agotamiento de los antiguos yacimientos de trabajo fordistas está planteando que en el futuro, junto al empleo asalariado, se requiere el desarrollo de nuevas formas de trabajar que, hasta la actualidad, eran algunas inexistentes (por ejemplo el teletrabajo contractual) u otras subordinadas como marginales a la lógica de acumulación (por ejemplo, el cooperativismo, los microemprendimientos, las cooperativas de trabajo, etc.). Detengámonos brevemente sobre el tema de las nuevas formas de trabajar porque están generando importantes mutaciones en las sociedades de los países industrializados, en particular los europeos, desarrollando el asociacionismo y redes laborales de cooperación interprofesional. Los movimientos por nuevas formas de trabajar se expanden como parte de nuevas formas de vivir en las que ciudades de escala intermedia o áreas rurales se interconectan a través de redes y cadenas productivas de comercialización, información, etc. Es posible que estas nuevas realidades productivas aceleran la pérdida de importancia de las "ciudades fábricas" propias del capitalismo.

La llamada "urbanización sustentable" se expresa también en las nuevas formas de trabajo porque ahora se la asocia con la pequeña empresa, el teletrabajo, la prestación de servicios ecológicos, de apoyo y participación de la ciudadanía a la gestión educativa, de creación de redes de atención a los ancianos, de fomento de la vida urbana asociativa y de superación del individualismo, etc. Las nuevas tecnologías informáticas, están potenciando estas nuevas formas de trabajar asociadas o individuales que se desarrollan no sólo en función de necesidad locales, sino en la escala de mercados supranacionales a través de diversas especializaciones. Se expanden en los países industrializados las redes de empresas pequeñas y medianas asociadas, como en la Emilia Romagna italiana. Pero también pueden encontrarse estas redes en países periféricos, por ejemplo, en Argentina, en ciudades de la pampa húmeda que, especializándose en actividades agroindustriales vinculadas a demandas del Mercosur, desarrollan así redes de producción y comercialización de microempresas y cooperativas asociadas a a) la dinámica de la exportación, y b) a la comercialización con otros centros urbanos (Ruffolo, 1995).

Las nuevas formas de trabajar en ciudades pequeñas e intermedias generan relaciones sociales de cooperación que pueden ser "filtros culturales" de resistencia frente al vertiginoso proceso de estandarización según los antivalores individualistas y del darwinismo social. Así, la "aldea mundial", estructurada también desde las pequeñas y medianas ciudades, puede ser asociada como una defensa del espacio público frente a la cultura de la privatización de la sociedad civil y el predominio de la "sociedad de mercado". Estas nuevas formas de trabajar son antagónicas con los siniestros designios de crear enormes ghettos urbanos de las poblaciones excluidas del Tercer Mundo que sobreviven asistidos por el Estado y el "voluntariado" (que es, por ejemplo, la propuesta simplista de Rifkin como "solución" al desempleo y la exclusión social; Rifkin, 1996). Por el contrario, la revolución del capital podría estar creando las condiciones objetivas para una nueva "revolución en el trabajo" que dé lugar a una nueva redistribución del excedente económico regulada por cl Estado según modelos productivos en los que el desarrollo sustentable se basa en la combinación y articulación de variadas formas de trabajar y por lo tanto de retribución. Así, la vieja "sociedad salarial" puede ser sustituida por una sociedad con va riadas formas de remuneración al trabajo, restableciendo sobre bases superiores la ambigua coexistencia del salario con diversas formas de "salario social". Las metas de pleno empleo y trabajo para todos forman parte de un todo único. De este modo, la autodefensa de las sociedades frente al capitalismo puede estimular demandas a la teoría económica para diseñar un nuevo "cálculo económico" que dé cuenta de las modalidades de ingresos que se corresponderán con el mundo del trabajo asociativo que está por nacer (Ritcha, 1974).

La empresa industrial y de servicios, como unidad productiva, seguirá siendo el eje de la producción de bienes y servicios, porque el capital concentrado lleva la delantera en productividad en referencia a otras formas de organización y productividad del trabajo. Pero la empresa moderna ya no genera empleo masivo. Se requiere, por lo tanto, de la articulación en grandes sistemas económicos de diferentes tipos de empresas y actividades. Ahora bien, el grado de avance hacia una "nueva civilización del trabajo" en los países industrializados dependerá también de un aumento constante en la tasa de crecimiento de esos países y por lo tanto del excedente económico disponible necesario para financiar inversiones e ingresos sociales. Pero ello difícilmente será logrado si persisten las diferencias tecnológicas entre países ricos y países pobres, porque el volumen del excedente económico en los países desarrollados dependerá en última instancia de un aumento en la demanda efectiva a nivel mundial. Esto requiere, como hemos adelantado, cambios en los sistemas económico-sociales de los países del Sur, que permitan el desarrollo integrado basado en la reindustrialización y diversificación de las estructuras productivas, y en una redistribución radical del ingreso a favor de los trabajadores (Benstein, 1999).

9. Recuperar y actualizar los valores humanistas y socialistas sobre el trabajo

El impulso político y cultural derivado de la primera irrupción del socialismo en la historia (a través del marxismo-leninismo o de las versiones socialistas democráticas) ha finalizado (Hobsbawm, 1998). Pero no es menos cierto que la primera entrada del socialismo en la historia ha generado varios acontecimientos sociales, que en su conjunto constituyen una "proto-civilización", a saber, a) la extensión de los derechos políticos a los trabajadores, articulados en programas de democracias económicas, políticas y sociales b) la constitución de una concepción del mundo fundada en la igualdad y en la correspondencia entre progreso científico, planificación económica y bienestar social, c) la organización de los trabajadores para la realización de esos objetivos en sindicatos, partidos, cooperativas, mutuales, etc. con las correspondientes prácticas políticas y sociales, d) la irrupción del feminismo y los movimientos de derechos laborales, sociales y políticos de la mujer, y, por último, e) la formulación explícita del concepto de civilización universal y con las correspondientes prácticas para hacer efectivo ese ideal, sin lo cual no pueden entenderse las luchas contra el anticolonialismo, (posibles por la combinación entre movimientos socialistas y nacionalistas).

Ahora bien, ¿cómo se compatibiliza, por ejemplo, el derecho universal al trabajo con el resurgimiento de la vieja aspiración del capital a considerarlo como un "factor de la producción" o "capital humano", excluyendo su participación en la gestión de las empresas, más aún cuando la revolución tecnológica está transformando los contenidos del trabajo, que ahora incluyen mayor participación innovativa de los asalariados en los procesos? O ¿cómo se resuelve el hecho de que los yacimientos de trabajo estable tradicionales, generados por el fordismo, se hayan agotado y el desempleo o el empleo precario avance en los países industrializados? Es necesario recordar que el "pleno empleo" y el Welfare State eran valores inherentes a las sociedades industrializadas hasta hace pocos años, y que los sindicatos, que hace cien años eran casi inexistentes, hoy se han desarrollado con distinta influencia en los países del Norte y del Sur, y que hoy existen no sólo como generadores de derechos sociales y culturales sino como componentes de los sistemas económico-sociales. Por eso, el pleno empleo y el Welfare State no son realidades que abandonaran sus espacios en la historia sin resistir (Dierckysens, 1998).

Es cierto que los sindicatos deberán acelerar el actual proceso de cambios en sus plataformas, estructuras y tácticas de acción, para recuperar su centralidad política en el mundo del trabajo. Esta necesidad es común a los sindicatos de los países industrializados como a los de países subdesarrollados y dependientes, por eso incluye componentes programáticos comunes, dentro de la diversidad de tipos de sindicalismo. Se puede afirmar —esquemáticamente— que esos componentes programáticos comunes se concentran en tres grandes áreas, a saber:

a) en relación a las empresas, los sindicatos tienen que liderar los procesos de transformaciones tecnológicas y el impacto sobre la organización del trabajo, dando cuenta de hechos nuevos como la formación de las empresas de "variedad" y just-in-time, el trabajo en equipos, los sistemas de remuneración por capacitación y participación en las innovaciones tecnológicas, etc. Dicho de otra manera: los sindicatos necesitan liderar la revolución tecnológica desde las empresas, para conservar su capacidad de negociación con los empresarios ahora con énfasis en la demanda de democratizar la gestión en las empresas (Béaud y Piaioux, 2000);

b) en relación a los cambios en el trabajo que están potenciando otras formas de trabajar no asalariadas e independientes, los sindicatos necesitan acentuar su actual orientación socio-política, esto es, su capacidad de *) representar diferentes categorías de trabajadores asalariados, y *) asociarse con las iniciativas que se generan en las sociedades para desarrollar las nuevas formas de trabajar no asalariadas que hemos comentado;

c) en relación a los roles del sindicato, se revitaliza la tesis de que su representatividad depende de su implantación en las empresas y en las ramas y sectores económicos. La mundialización económica y la formación de unidades regionales potencia la importancia de las confederaciones sindicales mundiales o regionales para negociar con las organizaciones interestatales y las empresas multinacionales.

Un aporte importante para que la globalización incluya la igualdad, la no discriminación y la erradicación de la pobreza ha sido sintetizada por la Confederación Internacional de Organizaciones Sindicales Libres, (CIOSL), en el reciente documento tratado en su XVII Congreso Mundial, "Convertir la visión en una realidad: prioridades de la CIOSL en el siglo XXI". Estas prioridades serían:

a) Lograr un mundo democrático, en el cual los gobiernos desde el nivel local hasta el nacional sean responsables y den cuenta de sus actos frente a los ciudadanos. En este contexto, el respeto a los derechos básicos de los trabajadores es un componente esencial de la democracia, y una herramienta fundamental para que la democracia sea económica, política y social.

b) Lograr que las mujeres logren la plena igualdad, dentro de lo que es necesario destacar los derechos de la mujer trabajadora: sin duda que el siglo que se inicia se caracteriza por el incremento de la participación política, cultural, social y laboral de la mujer, y que este proceso aumentará su participación en gobiernos, partidos políticos y organizaciones sociolaborales, entre ellas los sindicatos.

c) En los años venideros es previsible un gran debate mundial sobre nuevos contenidos en la relación entre empleo y trabajo. En efecto, la economía neoliberal puede estimular una revolución productiva, pero no generar empleo. La fábrica taylorista desaparece. Por eso ahora es necesario, para generar empleo, pensar en la combinación entre empresas de alta tecnología y redes asociativas de pequeñas empresas que generen empleos, y al mismo tiempo amplíen la base productiva de las economías nacionales integradas en la mundialización. Como resultado de los cambios en el mundo, es también necesario "globalizar y articular el empleo y las nuevas formas de trabajo". Se trata de un "desafío civilizatorio" en el que deben participar activamente los sindicatos.

d) Los sindicatos aspiran a que esos cambios en la estructura y organización del trabajo sean parte de un mundo que garantice la sustentación del medio ambiente para las generaciones futuras.

e) Y por último, el viraje hacia un mundo solidario implica que la globalización requiere de una presencia destacada de la Organización Internacional del Trabajo (OIT) en el sistema de relaciones internacionales y sus instituciones. En este punto se localiza la cuestión de la llamada "cláusula social", término vigente y que se define por la aplicación de convenios básicos de la OIT al comercio, las inversiones y la política a nivel mundial.

En el mencionado documento de CIOSL se dice que para cambiar el mundo "debemos cambiar nosotros". Esto atañe a lo que se ha denominado "sindicalismo socio-político", es decir, un sindicalismo que se apoya en sus tradiciones, pero que se plantea ahora representar a diversas categorías de trabajadores asalariados o microempresarios, especialmente los que desarrollan sus actividades en el enorme y variado sector informal de la economía.

10. Un enfoque político-laboral multifacético del sector informal

En la última década se han yuxtapuesto dos fenómenos laborales de distinta naturaleza, pero que se plantean erróneamente como idénticos, a saber: a) el creciente fenómeno de expansión y cristalización del llamado sector informal en los países del Sur (y también en áreas subdesarrolladas de algunos países industrializados), y b) el agotamiento de los tradicionales yacimientos de trabajo asalariado generados por el impresionante desarrollo industrial y de servicios a partir de la Segunda Guerra Mundial, que a nivel de la organización del trabajo se conoce como "fordismo" y a nivel social como "sociedad industrial". Se trata de dos fenómenos diferentes, aunque suelen encontrarse en una intersección común: el desempleo y la precarización del trabajo. En el caso de los países del sur, los cambios mundiales en la organización del trabajo se expresan a través de una también particular combinación entre procesos de modernización segmentaria de las empresas que incorporan nuevos procesos y productos, con la crisis económica que impide un desarrollo económico sostenido y que incluye el dramático hecho de que el trabajo, y como parte de él el empleo, sólo aumentan en el sector informal de la economía.

Desde hace más de una década diversos movimientos sindicales en los países del sur plantean la necesidad de incorporar formalmente al nivel de convenios colectivos de trabajo la problemática del sector informal. Se trata de voces que afirman con razón, que el mundo de las empresas informales ocupa un lugar cada vez mayor en la generación de empleos, aunque de baja calidad, mientras que las empresas del sector formal ya no crean empleo masivo. Esas voces aducen que es necesario atender la nueva realidad del trabajo y el empleo en el variado escenario que agrupa a pequeñas empresas, empresas familiares, cooperativas de trabajo, y otras formas de asociacionismo en las que la informalidad es la forma predominante de existencia de las empresas y las relaciones laborales. Una parte de las empresas informales contrata personal asalariado.

Ahora bien, una visión correcta del mundo sociolaboral informal, exige un enfoque político-laboral multifacético para que el sector informal evolucione hacia formas de trabajo reguladas se requieren políticas de apoyo a inversiones productivas, políticas de financiamiento a las empresas, políticas de difusión de las innovaciones productivas, políticas de fomento del cooperativismo y asociacionismo, políticas de capacitación en las distintas categorías de trabajadores involucrados en el sector informal, etc. Por lo tanto el tema del sector informal abarca no sólo de la OIT, sino de las instituciones del sistema internacional en su conjunto, en particular la ONU, el Banco Mundial, el BID, etc. De allí que, por ejemplo, en la región latinoamericana la ORIT-CIOSL (filial de la CIOSL) haya caracterizado su política hacia el sector informal como "estrategia de objetivos múltiples".

En esta estrategia de objetivos múltiples, las organizaciones sindicales se apoyan en los trabajadores asalariados. Pero no se agota en esta acción sindical, porque los sindicatos plantean simultáneamente la necesidad de políticas públicas para fomentar las innovaciones y la productividad en las diferentes empresas del sector informal. Por eso también se plantea la necesidad de que los sindicatos eleven propuestas para el sector informal a los gobiernos, y simultáneamente establezcan acuerdos programáticos sobre el tema con las organizaciones empresarias y las ONG's especializadas. Los sindicatos sólo se interesarán realmente en esta tarea si están seguros de que bajo la demanda de organizar el sector informal no se esconde el objetivo neoliberal de "vaciar" a los sistemas jurídico-laborales de su capacidad de regular las relaciones jurídico-laborales entre empresarios y trabajadores.

Desde hace varias décadas, desde el campo neoliberal se ha planteado que el sector informal de la economía es un factor dinámico del crecimiento económico, mientras que los sindicatos serían un elemento retardatario para el progreso de las empresas. Este argumento neoliberal es falso. Porque se trata de empleos de baja calidad, inaceptables para promover la modernización integrada y la cohesión social. Los sindicatos plantean que debe existir una clara disposición de gobiernos y empresarios en implementar políticas laborales en el sector informal que sean parte de una modernización integral, y que también estén interesados en promover el cooperativismo y el asociacionismo en todas sus formas, fenómenos en los cuales el movimiento sindical se ha involucrado desde fines de del siglo pasado en Europa y en muchos países insuficientemente industrializados, entonces será posible iniciar un gran debate a favor de normas y políticas laborales progresistas para el sector informal.

11. La cuestión del género y su impacto sobre el mundo del trabajo

La IV Conferencia y el IV Foro Mundial de Mujeres, celebrados en Beijing, China, en 1996, con la participación de 30.000 mujeres de todas las regiones, razas, etnias y condiciones, ha sido un nuevo hito en la convocatoria mundial institucional entre organismos internacionales, gobiernos y movimientos socio-políticos. Se instala así en la globalización el proceso de irrupción masiva de las mujeres en la política en un sentido amplio. El proceso tiene una larga historia, que se inicia a fines del siglo XIX con la formación de movimientos políticos sufragistas, movimientos culturales feministas y la participación de la mujer en la vida de los partidos políticos y en los sindicatos. Desde el fin de la Segunda Guerra Mundial el proceso de participación de las mujeres en la política (proceso que se traduce en el trípode feminismo – reorganización del concepto de familia y salud reproductiva – incorporación masiva de la mujer a las fábricas y empresas de servicios) se ha ampliado y profundizado incesantemente. El siglo XX instaló a nivel planetario la "cuestión de género", lo que da inicio a una revolución cultural que se desarrolla en el interior de diferentes sociedades y estados de los países del Norte y del Sur (Vargas Valente, 1996).

El feminismo es la cultura de género. Es el núcleo del paradigma político de género. El feminismo critica las instituciones que determinan la subordinación y explotación del trabajo femenino en la familia patriarcal, en la distribución de los puestos de trabajo en las empresas según el género, en la discriminación en la remuneración, en el acoso sexual y el marginamiento de los órganos de decisión en la sociedad política y en las empresas, etc. El feminismo es una cultura "antimachista" basada en los valores de la igualdad entre géneros. Por lo tanto, el feminismo es un movimiento socio-político que articula una vasta heterogeneidad de expectativas de género socio-laborales, políticas, etc. La potencialidad del movimiento feminista reside en que se expande desde la exigencia de la fijación de un cuerpo de derechos propios a la mujer en el ámbito de los derechos civiles (formalmente establecidos en muchos sistemas jurídicos). El feminismo es potencialmente revolucionario porque cuestiona contenidos machistas de los sistemas jurídicos y el carácter masculino de la administración de justicia a partir de la crítica a la institución en que se sustentan todas las discriminaciones de género: la familia "patriarcal" tradicional. El feminismo es una cultura revolucionaria que irá extendiéndose entre diferentes estratos del género, produciendo un vaciamiento progresivo de los ancestrales símbolos de superioridad del género masculino. Por lo tanto, el estudio de las modalidades de trabajo femenino es prioritario para la sociología del trabajo.

El feminismo o cultura de género es un constituyente esencial de un programa de democratización de la sociedad progresista. Se articula a través de variados movimientos de liberación de las mujeres articulados desde la política. Esto significa que es necesario ampliar el contenido de la democracia para las mujeres en aspectos muy concretos y comenzar a cerrar algunas de las brechas de género más flagrantes. Una de ellas es indudablemente la de cerrar el enorme abismo que existe para las mujeres entre democracia participativa y representativa. Ese abismo sólo se puede corregir con claras políticas de afirmación positiva y de cuotas, para asegurar que un porcentaje fijo de mujeres pueda tener acceso a la posibilidad de ser elegida para puestos políticos o de decisión. El significado de las cuotas va más allá de lograr que más mujeres participen en los puestos de decisión locales, intermedios, nacionales o globales. Porque la inclusión de las mujeres —en su diversidad y no en su uniformidad— puede ayudar a repensar una democracia más inclusiva, menos excluyente. Pero también porque los liderazgos femeninos son múltiples y diversos, como son las vidas cotidianas, trayectorias sociales y laborales, es decir los contextos en que las mujeres se desenvuelven cotidianamente. Las múltiples expresiones o identidades de las mujeres, a través de las demandas y propuestas democráticas de las mujeres negras, indias, cholas, mestizas, jefas de familia, mujeres rurales y urbanas, jóvenes y viejas, heterosexuales y lesbianas, ofrece la diversidad ciudadana que puede comenzar a expresarse a través de la política de cuotas y enriquecer a la política democrática (Vargas Valente, 1996).

Una forma contemporánea y paradójica de exclusión de la mujer está dada por la coexistencia de procesos democráticos con situaciones de extrema pobreza, que tiene mayor incidencia en las mujeres negras, indígenas, rurales. Por ello, la pobreza constituye un terreno disminuido para el despliegue de intereses ciudadanos de la mujer. Es necesario un umbral mínimo de bienestar social para poder exigirlo. Por eso el movimiento de mujeres a nivel mundial coloca este aspecto en el centro de su agenda, como se observó en Beijing. Es claro, sin embargo, que el proceso hacia la conciencia y participación política de las mujeres toma múltiples caminos. La posibilidad de ampliar la conciencia y apropiación de las mujeres sobre algunos de sus derechos ciudadanos, el avanzar en su autonomía política (cuotas, afirmación positiva), física (salud sexual y reproductiva, derechos sexuales), laboral y sociocultural puede indudablemente abrir mayor campo de maniobra para exigir, reafirmar y ampliar la ciudadanía socioeconómica de las mujeres. Y esto apunta también a otra tarea fundamental, que parte de reconocer que la sociedad civil es también un terreno en disputa. Es decir, no sólo el Estado tiene que democratizarse sino también la sociedad civil.

La cuestión de la mujer requiere también políticas de alianzas dentro del género, pero ¿cómo se construye la identidad de género? Es cierto que las mujeres comparten intereses como género subordinado en cualquiera de los diferentes espacios y contextos mencionados. Las diferencias son grandes, desde contextos y entornos culturales, geopolíticos, lógicas y dinámicas diferentes en los espacios donde actúan, hasta las desigualdades de privilegios y poderes. Pero se pueden hacer alianzas democráticas acotadas a aspectos específicos, se pueden hacer alianzas de más largo aliento. En este sentido es en la fuerza de esa diversidad, y no en una hipotética unidad, que reside la fuerza. Se sitúa en la capacidad de la sociedad civil de presionar y lograr que sus avances se expresen en políticas, a través de negociaciones con gobiernos y alianzas político-sociales.

Los movimientos de mujeres se articulan sobre temas básicos: los derechos humanos, la igualdad de oportunidades y de remuneraciones en el trabajo, la erradicación de la pobreza, la profundización de la democracia sustentada en el respeto a la diferencia, un desarrollo justo, equitativo y humano centrado en las personas. Han también incorporado numerosos temas, más dinámicos, quizás porque vienen de la experiencia diaria: una mirada más cotidiana a la pobreza desde el fenómeno de su feminización; una ampliación sustancial de los derechos humanos, incorporando los derechos de las mujeres e incluyendo los derechos reproductivos y sexuales de las personas y, además, asumiéndolos como esenciales a la democracia; la violencia doméstica y la violencia sexual como obstáculos para cualquier propuesta de paz y por lo tanto para cualquier proceso de transformación democrática; la ampliación del contenido, alcances y articulaciones de los diferentes ritmos democráticos a los espacios de lo privado y lo íntimo; la importancia de reconocer y asumir la diversidad (Vargas Valente, 1996).

Estos son algunos de los desafíos para radicalizar nuestras democracias. Varios de ellos están ya contenidos en la Plataforma de Acción Mundial establecida en Beijing. Otros muchos están aún por conseguirse desde las sociedades civiles nacionales y desde el espacio de la sociedad civil a nivel mundial, a través de un movimiento de mujeres solidario y articulado internacionalmente. La sociología del trabajo, al estudiar el trabajo femenino desde una perspectiva de género, aporta conocimientos y saberes que apuntalan la liberación de las mujeres y su participación activa en sindicatos y partidos

12. Reducción de la jornada de trabajo, productividad y democracia en la empresa

Hemos analizado teóricamente el significado de la reducción de la jornada de trabajo. Esta meta está adoptando formas prácticas. Así se verifica con la iniciativa de los sindicatos europeos miembros de la Confederación Europea de Sindicatos (CES) de impulsar la reducción de la jornada de trabajo a 35 horas semanales debe ser considerada un acontecimiento histórico en la dirección de aumentar la calidad del trabajo. Debe ser considerada como el eje de una batería de propuestas sindicales presente desde hace una década, entre ellas, el trabajo a tiempo parcial, la extensión de los contratos de trabajo a tiempo determinado, la vigencia del sistema de empleo juvenil dual y otras modalidades de contratación de trabajo para jóvenes, las políticas de capacitación continua y realización profesional, etc. En la mayoría de los países europeos, los sindicatos han priorizado para establecer las 35 horas el mecanismo de la negociación colectiva por sectores o dentro de acuerdos-marco entre gobiernos y organizaciones de trabajadores y empresarios. Pero en Francia la jornada de 35 horas ha sido establecida por ley. La reducción de la jornada de trabajo a 35 horas ha sido introducida en Francia para favorecer la creación de empleo. Según informaciones oficiales, en julio de 2000 ya ha permitido en ese país crear centenares de nuevos empleos. Pero que la reducción de la jornada de trabajo responde más a otra razón que la necesidad de crear empleos: es la resultante del extraordinario aumento en la productividad del trabajo, la misma razón que hizo posible desde fines del siglo XIX la implementación de la jornada de trabajo de 8 horas y 48 horas semanales (Schumpeter, 1961).

En efecto, los cambios que desde hace dos décadas se han producido en la gestión de las empresas por el impacto de las nuevas tecnologías de procesos y productos, junto con la capacitación continua y la mayor participación colectiva de los trabajadores en los sistemas de decisiones e innovaciones productivas, han desembocado en la posibilidad cierta de que las empresas disminuyan la jornada de trabajo sin afectar los niveles de productividad y competitividad. Colateralmente, la jornada de 35 horas aumenta el stock de horas-hombre, lo que puede aumentar la demanda de nuevos empleos, pero también puede conducir en muchas empresas a la disminución de la plantilla de trabajadores, cosa que también ocurre en algunos países del G-7. Por lo tanto, la implementación del as 35 horas requiere aumentar los fondos públicos y privados de pensiones anticipadas, los fondos de seguro de desempleo, etc.

Como hemos dicho, la jornada de trabajo fue pensada para crear nuevos empleos en un contexto de transformaciones en las empresas que, por impacto de las nuevas tecnologías y los procesos de externalización de procesos y productos, ya no crean empleo asalariado masivo como en la época del fordismo. Debe agregarse a esto que las empresas recurren en forma creciente en los países del Norte y del Sur a los contratos de trabajo por tiempo determinado —en gran proporción trabajos precarios— y que la aplicación de la jornada de 35 horas también puede mejorar las condiciones de trabajo en esta heterogénea categoría de asalariados.

Dos factores están modificando el contenido inicial de la propuesta sindical de las 35 joras semanales. Ambos son de carácter interno a las empresas, y han sido comentados en las páginas anteriores, a saber:

- Los yacimientos de empleo generados durante los años de la era industrial que ha finalizado se han agotado, y ahora para preservar la centralidad del trabajo en las sociedades es necesario pensar en el rediseño de las estructuras productivas y de servicios, desarrollando redes productivas basadas en las PyMES industriales y de servicios industriales y de servicios en el desarrollo del teletrabajo familiar e individual, en la generación de nuevos servicios para las comunidades, etc. La empresa privada en el sector PyMES —para integrarse en redes productivas eficientes— requiere un nuevo desarrollo del cooperativismo y otras formas de asociacionismo para contar con fondos colectivos de inversión y acceso a créditos blandos para acelerar las innovaciones productivas y acceder a los mercados. La sociedad de la información, la net-economía, etc., son las estructuras que establecen la direccionalidad de cambios revolucionarios en el mundo del trabajo, y como parte de éste, la creación de nuevos empleos. Además, la jornada de 35 horas libera energías que antes consumía el trabajo, lo que permitirá a segmentos de asalariados ampliar su participación en actividades sociales, familiares, etc. Se está conformando una nueva cultura del trabajo que incorpora componentes extra-empresas, definidos como productores de bienes sociales y que también formarán parte en el futuro del cálculo económico (costos dinerarios) bajo formas organizativas asociacionistas. A esto es necesario agregar que contingentes crecientes de jóvenes con formación profesional prefieren optar por profesiones individuales y formación de cooperativas de trabajo, y se resisten a ser incorporados a las categorías ocupacionales asalariados y los valores del "trabajo de por vida" (Sennett, 1998).

La lucha sindical por la jornada de 35 horas se está transformando en una lucha por la participación de los trabajadores en la gestión de las empresas, en tanto es imposible legitimar esa propuesta sin asociarla con la eficiencia productiva colectiva. Este aspecto de la jornada de 35 horas pasa a primer plano para superar varios escollos, entre ellos: a) la resistencia empresaria a aceptar la reducción de la jornada, con el argumento de que ello conduciría a la quiebra de las empresas por el aumento de los costos laborales sobre los costos de producción, b) porque en muchas empresas la aplicación de la jornada de trabajo incluye la aceptación por el colectivo de trabajadores de la cesantía de una parte de los asalariados, y c) por el hecho de que en muchos casos se lograba reducir la jornada de trabajo sólo a costa de la disminución de los salarios. Así, los sindicatos han debido ocuparse de hacer compatible la reducción de la jornada con el mantenimiento de los niveles de productividad y rentabilidad, lo que empuja a los trabajadores a asuntos hasta ahora exclusivos de la gerencia (como la planificación estratégica, las perspectivas de los mercados, etc.). Esta nueva situación está revalorizando las experiencias de participación de los trabajadores en la gestión de las empresas, como por ejemplo las formas ya comentadas de cogestión plena y parcial en las empresas en la ex Alemania Federal. La cogestión era considerada hasta hace pocas décadas en muchos sindicatos europeos como una desviación de derecha hacia la "colaboración de clases" (o de intromisiones en las atribuciones exclusivas de los empresarios en el caso del sindicalismo norteamericano). Pero ahora debe ser revalorizada como una alternativa de democratización en las empresas íntimamente vinculada con la viabilidad de aplicar la jornada de 35 horas semanales sin afectar la competitividad. Así las cosas, es decisivo acotar la importancia de la jornada de 35 horas para la creacion de nuevos empleos (sin que ello signifique no valorar su impacto sobre la calidad del empleo) e integrarla en una perspectiva más amplia de transformación de la gestión de las empresas.

13. Campesinos y trabajo: una convergencia original

Hasta hace una década era impensable que los movimientos campesinos de los países industrializados y periféricos pudiesen coincidir en algún objetivo común. En efecto, los intereses básicos de los agricultores de los países industrializados se expresaban a través de políticas proteccionistas frente a los productos agrícolas de los países del Sur; a su vez, los intereses básicos de los campesinos de los países del Sur se identificaban con las demandas de sus gobiernos y empresas exportadoras de la eliminación de los subsidios en los países industrializados. Sin embargo, la globalización ha creado las condiciones para que movimientos agrícolas del Norte y del Sur puedan converger: la condición está dada por los efectos negativos de la liberación del comercio y el control de la biodiversidad por las empresas multinacionales sobre los yacimientos de trabajo en el sector rural de la economía.

Las grandes empresas agroalimentarias de la UE y los EE.UU. acentúan sus presiones sobre los países del Sur y de Europa Central y Oriental para comprar materias primas al menor precio posible, argumentando que deben proteger los intereses de los consumidores. Como era previsible, las organizaciones de productores agrícolas en los países del Sur se resisten a la caída de los precios y exigen, en cambio, la apertura de los mercados de los países industrializados. Al mismo tiempo muchos gobiernos de los países del Sur temen que la Organización Mundial del Comercio (OMC) sea utilizada para sancionar a los países que se resisten a liberalizar el comercio de productos agrícolas. Esto último se expresó entre el 12 y el 16 de abril de 2000, al sesionar en La Habana el Grupo de los 77 (G-77), creado en 1963 en Nueva York por países del ex Tercer Mundo. En la mencionada reunión se planteó que las negociaciones sobre privatización de servicios públicos en los países del

Sur debían ser condicionadas a la previa eliminación de subvenciones a la producción y exportación de productos agrícolas por los países industrializados. Fidel Castro propuso la creación de mercados regionales en los países del Sur para resistir las presiones de los gobiernos de EE.UU. y la UE, además de incluir la sustitución del FMI por un "órgano regulador de las finanzas internacionales que funcione sobre bases democráticas y sin poder de veto de nadie" (Bilbao, 2000)

El reclamo de la mayoría de los países del Sur por la apertura de los mercados para productos agrícolas en los países industrializados ha coincidido en la actualidad con movimientos de productores agrícolas en varios países del Norte, con epicentro en Francia. En efecto, los productores rurales en los países industrializados europeos han sido subsidiados y protegidos por el Estado tanto por causas económicas (fomento de exportaciones, defensa de precios, etc.) como por causas políticas (preservación del medio ambiente y de la familia rural como institución del equilibrio poblacional). Pero las desrregulaciones y la penetración de las empresas multinacionales "hiperproductivas" de "*fast food*" están generando movimientos sociales en defensa de los valores alimenticios locales contra la "comida bazofia" y la "McDonaldización". La Confederación Agraria Francesa, liderada por el agricultor José Bove, se ha convertido en ese país en el eje de la convocatoria de diversos movimientos sociales (intelectuales, feministas, tribus de jóvenes, inmigrantes extranjeros, etc.). José Bove fue una figura central en las protestas de Seattle, EE.UU., en 1999.

Los intereses de los movimientos agrarios de defensa de la producción agrícola en los países desarrollados parecería incompatible con los reclamos de apertura de mercados por los productores agrícolas y gobiernos de los países del Sur. Sin embargo, estos dos tipos de movimientos sociopolíticos tan distintos están coincidiendo en la lucha contra el neoliberalismo, porque las desrregulaciones y el control de los mercados por las empresas multinacionales de la alimentación aceleran la crisis y desaparición de las pequeñas unidades productivas familiares, destruyendo los puestos de trabajo: como lo plantea José Bove en su libro *El mundo no es una mercancía*, es posible una inédita alianza del "campo mundial" contra el neoliberalismo y la OMC. Esta alternativa es compartida por diversas organizaciones de pequeños y medianos productores agrícolas de países del Sur, y han participado juntos en 1999 en las acciones que tuvieron lugar en Seattle contra la OMC, y luego en Francia, en junio de este año, durante el proceso judicial a Bove y sus compañeros por la destrucción en agosto de 1999 de un restaurante McDonald's en Millau (Francia). El movimiento Vía Campesina agrupa hoy a más de setenta organizaciones que luchan en el mundo contra el "*agro-businesss*" y se unen en ATTAC en sus acciones contra el capital financiero especulativo.

La original convergencia en curso entre movimientos campesinos de los países industrializados y de países periféricos estimula algunas reflexiones desde la sociología del trabajo. En el pasado no muy lejano tal tipo de convergencia era impensable, dado que, como hemos dicho, las organizaciones respondían a intereses diferentes y opuestos. Pero ahora dos fenómenos centrales en la globalización, la institución del libre comercio y el control de la producción masiva de alimentos por empresas multinacionales, han creado condiciones para tal convergencia. Se trata de un acuerdo complicado, porque la plataforma de convergencia pretende resolver la polarización en el interior de la globalización entre la poderosa conjunción de intereses de estados y empresas multinacionales, por un lado, y los intereses heterogéneos de los pequeños y medianos productores agrícolas y cooperativistas por otro. Al mismo tiempo otras variables inseparables de la globalización son asumidas por distintos movimientos agrarios: resistencia a la concentración monopólica de la tierra (acelerada por la creciente presencia de las empresas multinacionales como grandes productoras agroindustriales), la protección del medio ambiente y los recursos naturales, la conservación de culturas alimenticias, locales, etc.

La plataforma básica del movimiento Vía Campesina se estructura en base a objetivos generales dentro de la categoría de desarrollo sustentable y generación de empleos. Estos objetivos deberán ser llevados a la práctica en países con sistemas de producción y culturas agrícolas diferentes, lo que sólo se puede resolver si esa plataforma básica da cuenta de los intereses concretos de los diferentes movimientos campesinos. Así, por ejemplo, el desarrollo de los movimientos campesinos en los países del Sur sólo podrá ser exitoso si forma parte de la formación de bloques sociopolíticos que impulsen en cada país políticas de reindustrialización integradas y de ampliación de los mercados nacionales compatibles con la mundialización. En los países industrializados, donde la población rural es minoritaria, los movimientos campesinos deberán relocalizarse en el sistema socio-político nacional como fuerzas protectoras de la calidad de productos y las tradiciones culturales alimenticias.

Es previsible que estos procesos se desarrollen prioritariamente dentro de espacios de integración regional. Naturalmente, esos espacios también viven tensiones generadas por intereses agrícolas nacionales (por ejemplo, en la UE la contradicción entre los regímenes agrícolas de países altamente industrializados y países de industrialización intermedia con fuerte importancia de la producción agrícola). Por último, no será sencillo bloquear a las empresas multinacionales de la alimentación en el Sur, dado su poder financiero tecnológico, su capacidad de producir alimentos baratos, su fuerte peso en las redes de comercialización, y el impacto cultural mundial del *fast-food*. En síntesis, se trata de una batalla entre David y Goliat que sólo se podrá resolver a favor del primero si los movimientos campesinos del Norte y el Sur logran consolidar una plataforma común, y si logran aliados en otros movimientos socio-políticos. Por esto último debe considerarse como sumamente importante el mencionado acercamiento entre Vía Campesina y ATTAC, vinculándose así la lucha contra el "libre mercado" con acciones punitivas contra el capital especulativo y la reducción/eliminación de la deuda externa en los países del Sur. Persisten sin embargo problemas que bloquean el desarrollo de los movimientos campesinos, como son sus débiles vínculos políticos con las organizaciones sindicales y de consumidores, lo mismo que las dificultades de los movimientos cooperativistas-agrícolas para aumentar su presencia en el interior de los partidos políticos, de modo que el cooperativismo rural logre ser reconocido como sector constitutivo y prioritario en los sistemas económicos y en la generación de puestos de trabajo.

14. Nuevos enfoques sobre ecología y mundo del trabajo

El concepto de biodiversidad no es un mero indicador cuantitativo, aunque la extinción en curso de especies animales puede ser cuantificada: así, la Unión Internacional para la Conservación de la Naturaleza (UICN) estima que el 11% de las aves, el 20% de los reptiles, el 25% de los anfibios, el 5% de los mamíferos y el 34% de los peces están hoy en peligro. Se trata de una degradación generada por el hombre en el ecosistema terrestre que incluye tres diversidades: la genética (genes de especies), específica (de las especies) y la ecología. El origen de esta degradación es una combinación fatal entre el mercado mundial sin regulaciones y un conjunto tecnológico en el cual actúan la informática, la robótica y las biotecnologías, que Jeremy Rifkin ha calificado como una "revolución biotecnológica" (Rifkin, 1999). A través de ésta el hombre destruye para "moldear" a la naturaleza y crear una fauna y una flor "bioindustriales" (Maréchal, 1999).

La producción de planteas y animales transgénicos, medicamentos, vacunas, análisis médicos, etc., es sólo el comienzo de la nueva revolución tecnológica. Le siguen el "*pharming*" o transformación de animales domésticos en fábricas de producción de medicamentos y sustancias nutritivas. La clonación y las manipulaciones genéticas permitirán lograr animales estandarizados según normas bioindustriales precisas para transformarlos para el consumo o como productores de órganos dedicados a transplantes.

El gran negocio de los transgénicos ha comenzado a través de gigantescas inversiones en ingeniería genética y bajo el control de 15 grandes firmas privadas: se estima que en el 2005 los productos de la ingeniería genética alcanzarán la suma de 110.000 millones de dólares. Las empresas norteamericanas controlan el 80% de este negocio. El régimen de patentes de los EE.UU. y Francia ya protegen a esas inversiones de los complejos genético-industriales. Dado que todos los organismos vivientes multicelulares son sujetos de pateamiento, de modo que la biodiversidad en los países del Sur puede ser patentada por los países del G-7. Así, el patrimonio genético deja de ser un patrimonio común de la humanidad.

En junio de 1992, en la Cumbre del a Tierra de Río de Janeiro, se firmó la Convención Internacional sobre la Diversidad Biológica que estipula que los estados nacionales tienen el derecho soberano a explotar sus recursos de acuerdo a sus políticas de medio ambiente y de generación de empleos. También establece que cada país deberá garantizar la biodiversidad y que tendrán acceso a las tecnologías gracias a un financiamiento adecuado para mejorar las empresas campesinas. Pero, ¿qué país del Sur, agotado por procesos de desindustrialización, pobreza, desempleo y endeudamiento, podría enfrentarse a los complejos genético-industriales apoyados por el G-7? Por el contrario, si algún país del Sur se anima a enfrentarse a esos complejos, lo más probable es que sea acusado de "prácticas proteccionistas" en la OMC, dado que, salvo pocas excepciones, los países dependientes no cuentan con capacidad financiero-tecnológica para generar patentes genético-industriales. Así, el patrimonio natural y cultural moldeado en millones de años de evolución biológica será sometido por imperio de la "libertad de comercio".

La noción de desarrollo sostenible —marco teórico en que se instalan los estudios del trabajo—articula la economía con la ecología. Es noción se popularizó a partir de los trabajos publicados en 1987 por la Comisión Mundial para el Medio Ambiente y Desarrollo de la ONU, presidida por la socialdemócrata Gro Harlem Brundtland, entonces presidente del gobierno noruego. La publicación principal de esa comisión fue "Nuestro futuro común".

La expresión "desarrollo sostenible" hace referencia a que la economía es un subsistema global finito y por lo tanto establece límites también a las formas de trabajar. La clave para establecer el desarrollo sostenible descansa en la gestión de los recursos renovables: las tasas de recolección deben ser iguales a las tasas de regeneración (producción sostenible) y las tasas de emisión de residuos deben ser iguales a las capacidades naturales de asimilación de los ecosistemas. Las capacidades de regeneración y asimilación son el "capital natural" y su no mantenimiento debe ser considerado como consumo del capital, esto es, como no sostenible (Daly, 1997).

El desarrollo sostenible o sustentable sostiene que el capital que es generado por el trabajo del hombre debe ser mantenido, lo que plantea cuál es la combinación adecuada entre "capital social" y capital natural. El supuesto de la economía neoliberal es que el capital social es un sustituto de los recursos naturales (por ejemplo, que una casa de madera es un sustituto superior a una cueva). Pero está claro para cualquiera que los aserraderos no pueden sustituir a bosques en extensión, o que más refinerías no pueden sustituir a pozos de petróleo vacíos. Por el contrario, está claro que la productividad de los aserraderos o las refinerías declinará con la desaparición del capital natural. En realidad, el capital natural, como fuente de materias primas y energía, es complementario del capital obra de los hombres. En el pasado el capital social era limitado porque existía en "menor cantidad" que el capital natural, pero actualmente es a la inversa, porque estamos entrando en una fase histórica en la que el capital será cada vez más el factor limitativo.

El impacto del ecologismo sobre la política, la cultura y el trabajo responde a la necesidad de resolver el desequilibrio entre capital natural y capital social, necesidad que se ha hecho evidente con el desarrollo en dos siglos de tres revoluciones industriales. Ahora, el uso sostenible de recursos no renovables exige que toda inversión en la explotación de un recurso no renovable (por ejemplo, en la extracción de petróleo) vaya junto a la plantación de árboles para la obtención de alcohol a partir de la madera: la tesis es que el desarrollo sostenible depende de que los ingresos netos procedentes de recursos no renovables se dividan en un componente de consumo y otro de inversión de capital para "recrear" el recurso no renovable. Así, al término de la vida de un recurso no renovable, el nuevo recurso renovable está rindiendo un producto anual sostenible equivalente al componente de renta de los ingresos no renovables. De este modo la ecología se convierte en un componente de la teoría económica y, particularmente, es un factor de reconstitución de las teorías de la planificación en general y de la generación de empleo en particular.

Pero existen otras línea de fuerza de la ecología que cruzan a la teoría económica: a) no se trata sólo de asegurar sustitutos renovables, sino también la pervivencia del ecosistema para absorber deshechos. De este modo, la economía sustentable deberá garantizar recursos financieros para expandir la expansión de la capacidad de descontaminación y de protección del medio ambiente; b) también la ecología se apropia de las tecnologías, al dar prioridad a tecnologías que aumentan la productividad de los recursos (desarrollo económico), de modo que el volumen de valor extraído por unidad de recurso sustituya a las tecnologías intensivas en el uso de los recursos naturales. Estas dos líneas de fuerza implican la calificación de recursos humanos para alcanzar las metas establecidas en diferentes programas nacionales y en los sistemas de integración supranacionales.

15. La cláusula social y los mercados

El concepto de cláusula social como norma reguladora del comercio entre países no es nuevo: sindicatos europeos la plantean en 1946, con el objeto de impedir que las importaciones de alimentos y manufacturas procedentes de EE.UU. y de otros países bloquearan la recuperación de los niveles de salarios y empleos existentes en Europa antes de la Segunda Guerra Mundial. Como era lógico, los sindicatos europeos sostenían que una política de salarios, empleo y condiciones de trabajo humanizadas debía ser un componente de la reconstrucción europea. La recién creada y entonces unitaria Federación Sindical Mundial (FSM) busca apoyo en la Organización Internacional del Trabajo (OIT) en 1947 sobre este tema.

La reconstrucción europea, según los patrones keynesianos y del Welfare State, los acuerdos europeos en materia de normas y remuneraciones del trabajo en los sectores del carbón y del acero, la recuperación por los países industrializados europeos del control de la producción de alimentos y materias primas en los países periféricos y las políticas monetarias de convertibilidad hicieron que el concepto de cláusula social perdiese su vigencia. El concepto de cláusula social fue olvidado en un contexto en el cual la nueva dinámica del capitalismo a escala mundial incluyó, por un lado, políticas laborales y sociales avanzadas en los países industrializados, y por otro lado, los procesos de industrialización por sustitución de importaciones en países del Tercer Mundo (en particular en América Latina), junto con el intervencionismo y protección estatal en los sistemas de relaciones laborales. La división bipolar del mundo en Este y Oeste produjo, entre 1948 y 1949, la escisión del movimiento sindical internacional, lo cual cerró el capítulo abierto en 1945 de solidaridad sindical internacional unificada. Los movimientos sindicales del naciente Tercer Mundo optaron en muchos países por posiciones "terceristas", preocupados más por participar en movimientos nacional-industrialistas que en los valores del sindicalismo internacional. Así las cosas, el concepto de cláusula social perdió actualidad entre 1960 y 1980. Pero no los convenios y recomendaciones de OIT, que pasaron a ser parte de las legislaciones laborales nacionales. La aplicación de los convenios de OIT se convierte en plataforma de lucha contra el dúmping social y la explotación capitalista en escala mundial.

El concepto de cláusula social ha retomado su vigencia desde fines de la década del ochenta, y ello es directamente proporcional a la mundialización de la economía y sus efectos sobre los trabajadores en los países del Norte y del Sur. Han sido la CIOSL y los Secretariados Profesionales Internacionales (SPI) las primeras organizaciones internacionales de sindicatos que recolocaron el concepto de cláusula social en el centro de la estrategia político-sindical. Algunas ONG's de origen sindical (entre ellas, la Fundación Friedrich Ebert) han sido pioneras en la difusión del concepto a través de actividades educativas con los sindicatos.

¿Por qué se ha convertido la cláusula social en un tema de rápida aceptación en las organizaciones sindicales, aun cuando existen diferentes interpretaciones del concepto según centrales y confederaciones sindicales localizadas en los países del Norte y el Sur? La causa básica debe buscarse en que hoy se han extendido a escala mundial aquellos temores que movilizaron a los sindicatos europeos en la inmediata postguerra, esto es, que la "globalización", que vincula y condiciona mutuamente a los mercados financieros, económicos y de trabajo de la mayoría de los países, termine por un lado haciendo "competir" a los trabajadores en el sistema-mundo del Norte y del Sur y dentro de cada unidad nacional, y por otro acelerando la concentración de la riqueza y el poder en las clases poseedoras (Sukup, 1998).

En efecto, en las últimas dos décadas, las sociedades han dado un nuevo paso en el largo y contradictorio devenir histórico hacia la construcción de una civilización universal de hombres libres e iguales. El nuevo paso histórico ha sido generado por el capitalismo al ampliar el mercado mundial. El comercio mundial cristaliza como opción universal. La tesis de Marx de que la realización de la ganancia requiere para el capital la ampliación de mercados, se muestra una vez más correcta, hoy bajo las condiciones de la movilidad del capital y la revolución de las comunicaciones. Estos son los principales instrumentos para conformar enormes áreas geográficas de "libertad de comercio". En el contexto de la globalización económico-cultural mundial, es que se plantea el tema de cláusula social, dado que el capitalismo se orienta a basar la competitividad en la reducción de costos laborales y salarios reales en los países del Norte y del Sur. La amenaza de reducciones salariales a través de la precarización del trabajo y la pérdida de puestos de trabajo por la instalación de empresas multinacionales en países con mano de obra barata, preocupa ahora no sólo a los sindicatos del Sur, sino también a sindicatos de los países industrializados (OIT, 1999).

El concepto de cláusula social no es la panacea para resolver los problemas del empleo, las remuneraciones y las condiciones del trabajo. Pero puede constituirse en una poderosa herramienta sindical si el enfoque global se corresponde con la necesidad de frenar primero al capitalismo neoliberal, y luego aportar a la transformación del capitalismo y facilitar el advenimiento de una época de complementariedad entre sistemas económicos de mercado productivos y ambientales con equidad social (Touraine, 1997).

En efecto, la cláusula social es en primer lugar un concepto que favorece la acción sindical en tanto el comercio debería intercambiar bienes y servicios producidos con respeto a la aplicación en cada país de los convenios de OIT sobre libertad sindical (87) y negociación colectiva (48), igualdad de trato y no discriminación en el empleo por género (100 y 111), prohibición del trabajo infantil (205) y del trabajo forzoso (29). Estos cinco convenios (el núcleo de la cláusula social) constituyen, de por sí, una plataforma sindical básica. De lograrse que los gobiernos respeten los convenios de OIT se fortalecería el movimiento sindical y se podría avanzar en los contenidos de la negociación colectiva, en la participación de los trabajadores en la gestión de las empresas, en el fortalecimiento de los sistemas previsionales solidarios, en la salud, etc.

La propuesta de CIOSL (aceptada en principio en OIT, aunque con resistencias del sector empresarial y muchos gobiernos) de que un comité conjunto OIT-OMC que controle y aplique sanciones por violación a la cláusula social, daría lugar a: a) una reforma positiva en el sistema de relaciones internacionales en la dirección de dotar al "sistema mundo" de una perspectiva social y laboral progresista; b) esa perspectiva progresista se apoyaría en negociaciones tripartitas entre gobiernos, empresarios y trabajadores; y c) instalaría al movimiento sindical internacional como fuerza importante en los sistemas de decisiones mundiales, en primer lugar la ONU, pero también en el Banco Mundial, FMI, etc.

Es decir, si la batalla para transformar al mundo es internacional, la lucha por la cláusula social puede convocar a los trabajadores a escala internacional para regular los mercados. Sin embargo, el concepto de cláusula social puede ser ineficaz si no forma parte de estrategias sindicales orientadas a transformar las economías, sociedades y sistemas políticos según la estrategia de alcanzar democracias económicas, sociales y políticas. En el caso de muchos países periféricos existen, por parte de gobiernos y empresarios, fuertes resistencias a la cláusula social. Estas resistencias se han manifestado en la Organización de Países No Alineados y han recibido apoyo de algunos gobiernos de países industrializados, temerosos de enemistarse con países donde se localizan fuertes inversiones y empresas multinacionales.

Un argumento usado en los países periféricos por partidos de derecha y organizaciones empresarias, es que la cláusula social podría ser utilizada por los países industrializados para ejercer dúmping a los bienes y servicios producidos en esos países. Por eso, el movimiento sindical en los países del Sur no debe eludir la responsabilidad de sostener las actividades económicas nacionales generadoras de empleo, pero planteando que sólo economías productivas, eficientes y modernas, pueden garantizar competitividad sin recurrir al fácil expediente de superexplotar a los trabajadores y perseguir o limitar la acción de las organizaciones de trabajadores. De modo que la lucha por la vigencia de cláusulas sociales en las operaciones comerciales e inversiones debería formar parte de plataformas sindicales dirigidas a sustituir los capitalismos de renta y apertura indiscriminada por sistemas de economía de mercado "mixtas integradas", que permitan el desarrollo y la creación de empleos de calidad. Los sindicatos deberían desalentar y criticar fuertemente posiciones que se observan en reuniones sindicales internacionales en las que la aplicación de las cláusulas sociales se plantea "separadamente" de la lucha por establecer sistemas económicos de modernización de base social amplia, con presencia activa del Estado como promotor y orientador del desarrollo (Welfort, 1972).

El concepto de cláusula social podría ser planteado como un instrumento de política económica dentro de un orden económico-social mundial en el cual los llamados bienes-salarios sean "intercambiables" entre los países del Norte y del Sur, o en otros términos desalojar el concepto de "beneficio" como el principal móvil del comercio y las inversiones, para reubicarlo como un indicador económico junto con otros indicadores (inversiones productivas, competitividad, expansión de los mercados, programas de industrialización sustentables e integrados, standards de convergencia en los niveles de los bienes salarios entre países y regiones, etc.). Lógicamente, estas metas deberían formar parte de una economía mundial en la cual la oferta del capital se subordine a la demanda de bienes y servicios por las sociedades, lo cual implica una revolución política contra el neoliberalismo, en particular reformulando a todo el sistema financiero internacional y estableciendo fuertes controles sobre las empresas multinacionales. O, dicho de modo más directo, si en los países industrializados persiste la tendencia a priorizar los intereses de las empresas, pero sin superar la actual crisis mundial de larga duración, y a costa de empleos, remuneraciones, precarización y privatización de los sistemas de pensiones (para reducir los costos laborales),si estos países industrializados dan soporte a gobiernos y grandes grupos económicos en los países periféricos solo interesados en imponer el liberalismo económico a costa de la destrucción del tejido laboral y social, el resultado será una globalización del mundo que entraña miseria, violencia social, conflictos étnicos y eventuales guerras para proteger mercados débiles y segmentados.

La cláusula social es fundamental para introducir las dimensión social en los sistemas de integración regionales.

En estos casos el concepto de cláusula social se vincula con las llamadas Cartas Sociales. Estas Cartas Sociales son cuerpos jurídico-laborales aptos para regular los mercados de trabajo en su conjunto y convertirse en obstáculos al neoliberalismo. Por ejemplo, la aplicación de la Carta Social en la Unión Europea puede facilitar la reformulación de los criterios de convergencia fiscal que se basan en la reducción del gasto público en detrimento del Welfare State, y aplicar en cambio criterios financieros basados en mayores impuestos directos progresivos a la riqueza. O, en el MERCOSUR en América Latina, la aplicación de la Declaración Sociolaboral (inspirada en la Carta de Derechos Fundamentales propuesta por la Coordinadora de Centrales Sindicales del Cono Sur – CCSCS), puede facilitar las negociaciones intergubernamentales y tripartitas en los temas laborales, migratorios, de seguridad social, etc. Las Cartas Sociales protegen la acción sindical en los niveles nacionales y facilitan el fortalecimiento de los sindicatos en los procesos de integración al legitimar los radios de acción sindicales supranacionales (por ejemplo, los Comités en empresas multinacionales en Europa, los comités bipartitos y tripartitos en el transporte en el MERCOSUR, etc.). La cláusula social es un "mínimum" de derechos y normas laborales dentro de las Cartas Sociales.

La estrategia sindical en favor de la cláusula social incluye acciones en diversos escenarios del Norte y del Sur. Por ejemplo, en el caso de América Latina y el Caribe incluye la ratificación del Protocolo de San Salvador, la aplicación de los compromisos adoptados en la Cumbre Mundial sobre Desarrollo Social (1995), la aplicación del Protocolo Laboral en el ALCA como órgano consultivo entre ésta y el movimiento sindical de los países involucrados. Las acciones político-sindicales en favor de la cláusula social en los escenarios políticos hemisféricos y regionales forman parte desde hace varios años de programas y actividades de las organizaciones sindicales de nuestra región latinoamericana y caribeña. Así, debe recordarse que la CIOSL-ORIT desde la Conferencia Internacional Integración, Desarrollo y Democracia (San José, 1991) viene discutiendo y acordando iniciativas para dotar al comercio y las instituciones de integración de la llamada Dimensión Social. En el XIV Congreso Continental de CIOSL-ORIT (República Dominicana, 22-24 de abril de 1997) el documento base, titulado "La Alternativa: Democratizar la Globalización" y la correspondiente resolución reiteran la estrategia sindical de considerar la cláusula social y las Cartas Sociales como un todo único. La estrategia sindical hemisférica vinculó estrechamente el concepto de dimensión social con el comportamiento de las empresas multinacionales, es decir: a) con la exigencia a los gobiernos de negociar con esas empresas para que funcionen como centros dinámicos de expansión armónica de las fuerzas productivas en cada país, y b) exigir a los gobiernos medidas legislativas para garantizar que las empresas multinacionales respeten los derechos laborales y sindicales y garanticen la información y consulta a las organizaciones sindicales nacionales, los SPI, etc.

La cláusula social, para ser aplicada, requiere del a cooperación entre partidos y sindicatos. En la mayoría de los países del Norte y del Sur han existido y existen antiguas y fuertes relaciones entre sindicatos y partidos políticos afines a los trabajadores. Sin embargo, en las últimas dos décadas se observa un deterioro en esa relación histórica, producto de varios factores, entre ellos las principales son:

a) Dificultades de los partidos de izquierda y coaliciones de centro-izquierda para competir con la derecha conservadora y neoliberal y garantizar la hegemonía político-cultural en las economías de mercado, apertura e integración. En otros términos, en muchos de esos partidos y coaliciones se manifiestan tendencias conciliadoras con el neoliberalismo, que se manifiestan en el campo sociolaboral en concesiones a políticas desrreguladoras de los mercados de trabajo.

b) Dificultades de los sindicatos para elaborar políticas y programas socio-políticos de progreso. Esto último impide que el sindicalismo actúe en el interior de esos partidos, e influya en las decisiones político-partidarias.

Como resultado contradictorio de esta incomprensión mutua, en el movimiento sindical aumenta, por un lado la positiva tendencia a la autonomía sindical frente a los partidos políticos, pero por otro, al carecer de un enfoque sindical correcto de la relación partido-sindicatos, se puede dar lugar a la constitución de culturas sindicales "sindicalistas" puras, lo cual retrasaría la formación de bloques sociales de progreso. Debe señalarse como un retroceso que en muchos documentos sindicales la relación sindical con los partidos políticos en países del Norte y del Sur, aparece ubicada en un mismo rango de importancia que la relación con ONG's, gobiernos, instituciones privadas de cooperación técnica, etc. Pero esta confusión es justamente la que el neoliberalismo promueve para alejar a los trabajadores de las luchas políticas por reinstalar el rol del Estado y la profundización de la democracia. Esa tendencia "apartidista" puede afectar negativamente a toda la estrategia sindical en favor de la cláusula social, en tanto su vigencia depende en gran medida de su legitimación por gobiernos y parlamentos en cada país y en las instituciones políticas de los procesos de integración. Por el contrario, el movimiento sindical mundial debería tomar la iniciativa para convocar a reuniones entre sindicatos y partidos. Esas reuniones deberían servir ahora para acordar acciones políticas que se plasmen en leyes que vinculen al comercio e integración con dimensión social. De este modo los sindicatos recuperarán su centralidad política en las luchas populares que inevitablemente se desarrollarán en el mundo para convertir al mercado en una institución que promueva el desarrollo, el empleo de calidad y el bienestar social.

Capítulo III

POLÍTICA Y SOCIOLOGÍA DEL TRABAJO: TEMAS CENTRALES Y ARTICULACIONES INTERDISCIPLINARIAS

1. El trabajo y la política

En los capítulos I y II de este ensayo se ha analizado los contenidos de la nueva economía y sus relaciones con la economía real y las empresas, lo mismo que los cambios genéricos que se han producido y producen en el mundo del trabajo y en las organizaciones sindicales. Como hemos adelantado en la introducción a este texto, una relación fructífera entre mundo del trabajo y política requiere el conocimiento desagregado de los diversos componentes del concepto de trabajo, dado que sólo a través de saberes particulares se pueden fundar políticas laborales y sindicales viables frente al impacto de la "autorrevolución del capital" sobre el mundo del trabajo. Por eso, este tercer capítulo de este libro ha sido dedicado a discriminar las determinaciones a la Sociología de Trabajo. Estas determinaciones se constituyen como áreas de investigación sobre trabajo. Comencemos por el concepto de trabajo y su relación con la política.

Desde mediados del siglo XIX hasta los años ochenta del siglo XX, el concepto de trabajo ha estado en el centro de los sistemas de producción, en la política y en las ciencias sociales. Pero desde hace dos décadas esa centralidad está siendo teóricamente cuestionada con la segmentación de los mercados de trabajo, la pérdida de centralidad del trabajo industrial y el crecimiento de los empleos en los servicios y la precariedad laboral (Gorz, 1996).

El concepto de trabajo al que nos referimos es el concepto occidental, es decir, como creación de riqueza, fundado a partir de la reforma protestante, en particular el calvinismo. El trabajo ya no es un castigo divino, ni se asocia con rituales. El trabajo es actividad que transforma la naturaleza y es medio de creación de riqueza material o cultural. El trabajo humano, según Marx, es concreto como creador de valor de uso y abstracto como creador de valor, el fundamento de la esencia de lo humano.

El concepto de trabajo se instaló en Occidente como fuerza organizadora de las sociedades a partir de la revolución industrial en el siglo XVIII. Por eso fue central en la economía política clásica, en particular en David Ricardo. El trabajo es creador de valor en el proceso de producción, pero no en la circulación o el consumo. El costo de la producción determinaba el valor. Surgen así los conceptos de hombre económico y de clases sociales, en tanto un grupo social se apropia de la ganancia (capitalistas) y otro grupo social recibe un salario (asalariados). En Marx esta tesis de la economía política clásica es desarrollada y el trabajo es el único origen de valor y la ganancia capitalista es trabajo no pagado. Surge así el conflicto de clases de la sociedad moderna, esto es, la lucha entre capitalistas y asalariados para distribuir el plusvalor. Se trata de un conflicto no sólo económico sino también cultural, porque la apropiación privada del trabajo social separa al productor asalariado de su producto y lo aliena al capital (De la Garza Toledo, 2000a).

El trabajo, circunscripto al trabajo industrial, se constituye, para el marxismo, en fundamento de la política: la clase obrera se enajena en el trabajo fabril, pero a través de las vivencias colectivas como clase explotado va espontáneamente construyendo un mundo cultural de resistencia al capital. Sobre esa premisa se desarrollan las instituciones socio-políticas representativas de los intereses objetivos de los trabajadores: partido, sindicato y cooperativas.

El sistema capitalista reaccionó en el siglo XIX frente un movimiento obrero que criticaba no sólo los aspectos visibles de la explotación, esto es, las jornadas de trabajo de 12-14 horas diarias o la inestabilidad laboral. El movimiento obrero, fundamentado en el marxismo, criticaba la lógica del capital a través de la teoría de la plusvalía. La respuesta teórica desde el capital a la teoría de la plusvalía fue, a fines del siglo XIX, el marginalismo. Fue una crítica teórica al socialismo desde el mercado. En efecto el marginalismo, al vincular la utilidad marginal con los precios, independizó relativamente el valor de las condiciones de la producción y lo hizo depender del mercado. Ahora el precio marginal del producto dependía del mercado. A mediados del siglo XX otra andanada teórica fue lanzada sobre el socialismo —que ya tenía entidad estatal en el sistema soviético, y formaba parte de gobiernos en Europa occidental—, que se basó en el concepto de "hombre económico racional" que, según Walras (1954), conoce las leyes del mercado y puede conectar medios y fines. La economía era para Walras una ciencia libre de valores, deductiva, semejante a las matemáticas, que hacía construcciones a priori a partir de axiomas. La economía neoclásica estudiaba a la riqueza como utilidad. El mercado de trabajo operaría por oferta y demanda. El equilibrio en el mercado de trabajo fijaba los salarios según el producto marginal del trabajador. En la teoría de Walras no había lugar para la explotación, ni para la regulación keynesiana del mercado de trabajo, en tanto el trabajador debía ser pagado según la utilidad del último trabajador empleado, caso contrario el mercado, teóricamente libre de monopolios, no podría funcionar.

Es interesante destacar que, en oposición a las ideologías socialistas que priorizan el carácter social de la producción y el consumo y la importancia de los valores colectivos, Walras instaló en el centro de la racionalidad económica al individuo económico racional también como consumidor. Así la teoría neoclásica, al destacar el rol decisivo del actor individual racional productor y consumidor en el mercado, desplaza al trabajo como fundamento central de la sociedad y la política.

La revolución industrial, la urbanización y la secularización dan lugar a la "sociedad de masas" que se conforma como producto de la sociedad industrial. Para entender a este nuevo tipo de sociedad, se constituyen teorías sociológicas. Así, se desarrolla la sociología de Durkheim, que se propone reordenar el funcionamiento de la sociedad de masas a través de la "solidaridad orgánica", o la sociología weberiana, que establece la prioridad de los valores societarios sobre el cálculo económico. Se constituye el psicoanálisis: Freud sostiene que la vida en comunidad se basa en dos fundamentos contradictorios, el trabajo y el amor. El trabajo es renuncia a los instintos para hacer viable la racionalidad económica, el amor es el instinto que se despliega para generar la vida. Así, la bipolaridad abstracta entre capitalismo y socialismo no bastaba para dar cuenta de la del mundo simbólico de las sociedades de masas y de los individuos, se encontró sobredeterminada por teorías de la sociedad y del hombre que pretendían dar cuenta de los comportamientos multidimensionales en las sociedades industriales. También la fábrica, construida a partir de la segunda revolución industrial, según el modelo fordista, requería ser entendida: surge la sociología industrial con Elton Mayo (1970), cuyo objeto es estudiar a las relaciones de trabajo en sus componentes "emocionales", la pertenencia de los trabajadores a grupos sociales con costumbres, ritos y liderazgos. La meta de la sociología industrial es, superando el *"homo oeconomicus"*, construir mundos simbólicos que garanticen la cooperación entre obreros y gerencia empresaria. En estos años nace la "administración científica" del trabajo, o taylorismo, origen de la ergonomía, esto es, de la adaptación del trabajo a las condiciones técnicas de la producción en la gran industria.

El naciente movimiento obrero percibió que la consigna "proletarios del mundo uníos" era movilizadora pero insuficiente. Para organizar a la clase obrera, en particular la fracción industrial, el movimiento obrero necesitaba aumentar su nivel intelectual y poder así enfrentar los desafíos de un mundo de trabajo complejo, en elque competían teorías económicas sobre el concepto y la organización del trabajo, y emergían teorías sociológicas y psicológicas sobre las condiciones de trabajo y su impacto sobre la cultura obrera. Difícilmente los trabajadores serían incorporados y organizados por sindicatos y partidos obreros, si estos no daban cuenta de la interacción entre relaciones técnicas de producción y los mundos simbólicos del trabajo asalariado. La combinación entre el crecimiento numérico y las concentraciones proletarias en grandes unidades productivas y la acción de los sindicatos y partidos obreros dio lugar a la formación de un potente movimiento obrero en los países industrializados entre 1880 y 1929. En este período surgen dos fenómenos políticos directamente asociados a la potencia de la clase obrera: la Revolución rusa y el acceso de los trabajadores a la ciudadanía política en los países capitalistas europeos y en los EE.UU. Con estos acontecimientos políticos el socialismo entre en la historia como alternativa estatal al capitalismo.

La Revolución rusa fue el producto de la crisis del estado zarista como resultado de su derrota en el frente oriental frente a los Imperios Alemán y Austrohúngaro. La Revolución comenzó como revolución democrática burguesa. Pero la combinación explosiva entre la desarticulación del Ejército y la deserción masiva de los soldados campesinos y la creciente agitación social en el campo y las principales ciudades del Imperio, permitieron al Partido Obrero Social-demócrata Ruso, liderado por V.I. Lenin, transformarse en la fuerza dirigente de los obreros y los millones de campesinos pobres, y desembocar en una revolución socialista. Nacía así el Estado soviético. En Europa Central y Oriental, con el desmembramiento de los imperios centrales, y en Italia, las huelgas obreras se transformaron en huelgas políticas revolucionarias. En todos los países capitalistas y en algunos países semicoloniales y dependientes, los movimientos sindicales se desarrollaron vertiginosamente. Así, la clase obrera pasaba de clase en sí a clase para sí. La crisis mundial capitalista de 1929 acentuó el malestar social entre los asalariados por el desempleo masivo desde la perspectiva empresaria (Hobsbawm, 1998).

La respuesta a los fenómenos de inestabilidad del capitalismo desde la crisis de 1929 consistió en reformular el enfoque socio-político de los conflictos laborales: surge así una visión regulacionista del conflicto laboral a través del Estado social, benefactor e interventor en la economía. Se fundan los sistemas de relaciones industriales, con eje en la negociación colectiva y la seguridad social. Se fortalece la OIT como institución promotora de la concertación social tripartita y de la legislación laboral protectora del trabajo. Este viraje en el mundo empresario de la visión política del conflicto de clases se potencia en el keynesianismo y disminuye la influencia de los economistas neoclásicos. La intervención del Estado para generar pleno empleo se legitima. La teoría del institucionalismo, formulada por Veblen, se convierte en doctrina de la canalización de los conflictos laborales: el institucionalismo, a diferencia de los neoclásicos, rechaza que el desequilibrio sea una normalidad en los mercados, y por el contrario sostiene que el conflicto capital-trabajo no es erradicable sino canalizable. Se generalizó la idea de que no existe un solo mercado de trabajo (abstracto) sino variedad de mercados de trabajo sólo regulables a través de la negociación colectiva y los sindicatos. El "actor racional" de la economía neoclásica es sustituido por el concepto que sólo una cultura permeable a las reformas laborales y los pactos laborales es racional. Se deben adoptar normas laborales para canalizar las aspiraciones de los individuos. El trabajo industrial no es alienante en sí mismo, sino por las condiciones de trabajo basadas en la explotación y los valores culturales individualistas. Surge así una visión política optimista del trabajo que impregna a la flamante sociología del trabajo, fundada en los años posteriores a la Segunda Guerra Mundial.

Los cambios en los comportamientos de gobiernos y organizaciones empresarias en Occidente a favor del keynesianismo y los pactos laborales produjo diversos fenómenos políticos en el mundo del trabajo entre 1930 y 1950. El ascenso de los fascismos al poder en Alemania e Italia y la alianza militar de éstos con el Imperio del Japón, alianza que provocó la Segunda Guerra Mundial, actuó como factor de acercamiento entre socialistas, comunistas y liberales y las organizaciones sindicales, y estimuló la formación de frentes nacionales populares antifascistas durante la Guerra Mundial, y de gobiernos de coalición de unidad nacional democrática en la postguerra. Luego de la guerra, la construcción del Estado de Bienestar dio base a una alianza profunda entre socialistas y partidos de centro democráticos, dando lugar a pactos económico-sociales. Esto cavó más hondo la fosa entre socialistas y comunistas, estos últimos alineados con la URSS y el modelo de planificación stalinista. Cristaliza de este modo una división insalvable entre socialistas y comunistas que se había insinuado en el Frente Popular durante la Guerra Civil española (1936-1939), pero toma cuerpo entre 1947 y 1950 con el inicio de la Guerra Fría entre EE.UU. y sus aliados y la URSS. Los sindicatos hegemonizados por el socialismo democrático, corrientes socialcristianas y liberales, se alinean con los gobiernos liberales occidentales. El movimiento sindical unido en la postguerra en la FSM se escinde entre la FSM controlada por el comunismo y la CIOSL, identificada con los partidos democráticos y el anticomunismo. La poderosa central sindical norteamericana AFL-CIO (American Federation of Labour – Congress of Industrial Organization) se constituye en el núcleo duro de la CIOSL. La OIT, ahora dentro del sistema de las Naciones Unidas, preferencia su cooperación con la CIOSL y sus afiliadas.

La postguerra —en un marco de políticas anticolonialistas impulsadas conjuntamente por EE.UU. y la URSS— acelera el proceso de descolonización en Asia y Africa. Triunfa la revolución democrática en China, dirigida por el Partido Comunista de China. Se constituye en la década de los cincuenta el Movimiento de Países No Alineados. En muchos países dependientes llegan al poder gobiernos nacionalistas y populares con proyectos de desarrollo "no capitalistas". En varias áreas del flamante Tercer Mundo continúan las guerras de liberación (especialmente Indochina) y de afirmación estatal-nacional (especialmente en los estados nacionales en Medio Oriente). Como producto del desarrollo económico (capitalista, cooperativo, estatal, etc.) aumenta el número de trabajadores asalariados en el Tercer Mundo, y surgen así nuevos sindicatos. Se trata de procesos de industrialización sustitutiva, dentro de los cuales los sindicatos —la mayoría identificados con una mezcla de ideologías nacionalistas y socialistas— se plantean instalarse como instituciones de presión y negociación a favor de los derechos y aspiraciones básicas de los asalariados (libertad sindical, negociación colectiva, políticas públicas de empleo, salud y previsión social, fijación estatal de salarios, etc.).

El conflicto entre dos sistemas estatales (capitalismo vs. socialismo "real"), la reconstrucción económica europea y el impulso gigantesco de la economía norteamericana, articulados en el Welfare State y el apoyo socialista-sindical en los países industrializados occidentales y el despertar nacionalista-democrático en el Tercer Mundo, constituyen el gran y diverso escenario histórico que determinará las líneas de fuerza centrales en el "sistema-mundo" durante el período 1945-1989. El mundo del trabajo será, por eso, ante todo heterogéneo políticamente, lo que incidirá en sistemas laborales asentados en mercados de trabajo diferentes según los sistemas económicos, especializaciones productivas, tipos de empresas y culturas obreras. Quizás el único denominador genérico común a todos los mercados nacionales de trabajo sean los componentes de planificación económico-social, propios tanto al sistema soviético como al keynesianismo (Bidet y Texier, 1994).

En los años setenta se comienzan a observar nuevos fenómenos socio-laborales en el "sistema mundo". Por un lado, se inicia el estancamiento y decadencia del sistema de socialismo real, con sus correlatos en la caída de la productividad del trabajo y en la creciente pérdida de interés de los trabajadores por sindicatos que sean "correas de transmisión" de regímenes "socialistas" corroídos por su incapacidad para incorporarse en el mercado mundial. Por otro lado, se reanima en los países capitalistas avanzados la conflictividad laboral derivada de los límites de la política keynesiana y del Estado social para conciliar acumulación del capital y legitimidad sindical, dadas las restricciones al gasto público. Se quiebra o debilita el pacto keynesiano en varios países industrializados (Italia y Francia, especialmente). La conflictividad laboral asume una peculiaridad: se concentra en las demandas de colectivos de trabajadores para reorganizar los procesos de trabajo, lo cual asocia esta demanda con formas socio-laborales de crítica a la alienación en el trabajo. El conflicto laboral sigue expresándose a través de los sindicatos, pero también a través de colectivos informales en las empresas, dando lugar este hecho al surgimiento de nuevas corrientes sindicales de izquierda radicalizadas que hemos comentado, con epicentro en Italia. Corrientes ideológicas socialistas marginales como el espontaneísmo luxemburguista y el anarquismo, y la reinstalación del consejerismo obrero de raíz gramsciana, cobran importancia. Estos fenómenos ideológicos no sólo se desarrollan en Italia, Alemania y otros países europeos, sino también en países dependientes como Argentina y Uruguay, en los que se imbrican con el guevarismo. Surgen también pequeñas organizaciones políticas marxistas que pretenden capitalizar esos cambios culturales hacia la izquierda en colectivos de trabajadores, desde una perspectiva insurreccional y prácticas de terrorismo urbano en varios países industrializados o semiindustrializados.

En la década del setenta se registra un cambio fundamental en la estrategia empresarial frente al trabajo y los sindicatos: la flexibilización laboral. Es la alternativa empresaria a la caída de la tasa de ganancia y la necesidad de recuperar la iniciativa en el control de los procesos productivos. Emerge la llamada "teoría de la oferta", en la que el polo determinante es la decisión de inversión y gestión empresaria. Comienza una ofensiva político-cultural empresaria contra el Estado de Bienestar con participación activa de los partidos liberales de derecha y centro derecha. Se acepta la negociación colectiva, pero como herramienta para adaptar las condiciones de trabajo a las necesidades de la "teoría de la oferta" a nivel de las empresas (Fairbrother, 1988). La estrategia empresaria incluye la búsqueda del debilitamiento de los grandes sindicatos de rama, el antiguo pilar sindical del Estado de Bienestar.

Como hemos analizado, la "flexibilidad laboral" es la formulación actualizada de la antigua tesis neoclásica del mercado como asignador de recursos, y de la necesidad del capital de contar con normas laborales que faciliten la entrada y salida de trabajadores de la empresa sin altos costos indemnizatorios y sociales, la reintroducción del salario por desempeño (productividad) y la aceptación por los colectivos de trabajadores de la exclusiva autoridad empresaria en la gestión. El institucionalismo se adapta a la ofensiva empresaria, y retomando la teoría de la multiplicidad de mercados laborales, busca la institucionalización de acuerdos colectivos a nivel de base (empresa), con mayor flexibilidad laboral (el piso es la planificación estratégica en cada empresa). La corriente regulacionista francesa trata de preservar el rol de los convenios por rama, pero ahora como convenios marco articulados que permitan negociaciones a nivel de las empresas (Boyer, 1988). En la década de los ochenta la combinación entre globalización financiera e innovaciones tecnológicas aplicadas, proceso ideológicamente sujeto al neoliberalismo, determina primero la desorientación ideológica y luego la derrota política de partidos socialistas y socialdemócratas y sindicatos afines a esas corrientes. El desorden cultural predomina en el campo de los sindicatos. Hemos visto ya las adaptaciones del institucionalismo y regulacionismo. Habría que agregar la búsqueda por sacar al sindicato de la empresa, para lograr apoyos en la sociedad a través de la teoría del obrero social (Negri, 1988), por la cual toda la población genera plusvalía y el territorio sindical se define en la sociedad.

El debate central a partir de los ochenta es sobre el fin de la sociedad salarial, base de la noción de sociedad industrial. La tesis es que la antigua articulación entre la vida del trabajo y la reproducción de la fuerza de trabajo se ha agotado, y que el mundo del trabajo ya no es el generador central de las subjetividades e identidades de trabajadores y empresarios. El trabajo pierde su centralidad en la sociedad por el impacto combinado del desempleo estructural, el ocio y las decalificaciones profesionales. El fordismo es destruido por la aplicación de nuevas tecnologías informatizadas que aumentan la productividad del trabajo, pero al mismo tiempo redimensiona a la fábrica, aumenta los procesos de trabajo externalizados y hace disminuir el número de asalariados. Aumentan los trabajadores de cuello blanco y los pequeños empresarios y disminuye el empleo asalariado industrial. La nueva sociedad que nace es la sociedad de la fragmentación y de la no existencia de proyectos globales de largo plazo (Offe, 1980). En la nueva sociedad de la postmodernidad el trabajo pierde su centralidad. Se fragmenta el mundo simbólico de los trabajadores como consecuencia de las heterogeneidades en los niveles salariales, en las calificaciones, contenidos del trabajo, status, etc. Dentro de la familia obrera un creciente número de hijos rompen con la tradición del "empleo de por vida" y prefieren trabajos temporales. La fragmentación del mundo simbólico de los trabajadores no es un proceso espontáneo: tiene un actor que le otorga direccionalidad a través de la política y la ideología, el neoliberalismo. El trabajo se subordina al mercado. El trabajo deja de ser proyecto, es sólo una condición para el consumo. El objetivo estratégico del neoliberalismo es buscar un nuevo acuerdo entre empresarios y trabajadores en condiciones de flexibilidad y desregulación del trabajo. La sociedad postmoderna es la sociedad del no trabajo, del desempleo, el subempleo y la precariedad laboral. Al decretar el neoliberalismo el fin de la sociedad del trabajo, los sindicatos y partidos políticos progresistas y socialistas pasarían a ser sujetos residuales. La política para el neoliberalismo es mediación entre los individuos y el mercado, y como sostenía la teoría del actor racional, la suma de individuos motivados por el máximo beneficio da sentido a la sociabilidad. El Estado, carente de base por la ausencia de representación de clases sociales, se desvanece y subsiste sólo como institución subsidiaria, en realidad como representación invisible pero efectiva de los intereses del capital. La economía de mercado transmuta en sociedad de mercado. La globalización es un incesante proceso de deglución de sociedades del trabajo y los Estados nacionales en una sociedad de mercado universal dominada por el capital concentrado, y un pequeño grupo de poderosas unidades estatales, esto es, el grupo de los siete países altamente industrializados, el G-7.

El impacto de la ideología neoliberal sobre los trabajadores es innegable. Ante todo porque el neoliberalismo opera como agente racionalizador de la autorrevolución del capital en curso, con base en la tercera revolución tecnológica y la segunda mundialización. Anteriormente —especialmente durante las dos anteriores revoluciones industriales— ,los mundos simbólicos organizadores del trabajo y la vida colectiva también habían sido desarticulados. Sin embargo, a través de las prácticas sociales espontáneas y la acción centralizadora de la política y las nuevas organizaciones corporativas, se desarrollaron nuevas identidades colectivas. Así, la heterogeneidad en el mundo del trabajo actual no es una novedad, sí lo es su componente específico determinado por la globalización. Los sujetos sociales antiguos (partidos, sindicatos) y nuevos (movimientos feministas, ecologistas, pacifistas, etc.) pueden articular lo no articulado. Pero ello supone un proceso de construcción de nuevos paradigmas civilizatorios que permitan reconstruir sobre nuevas bases la sociedad del trabajo, fundando sobre ellos la democracia más amplia, la democracia económica, política y social.

La sociedad capitalista actual, a fin de cuentas, es una sociedad de asalariados, y rige la división social del trabajo y la cooperación entre los individuos es condición para la reproducción ampliada del capital. La fábrica sigue siendo el núcleo organizador de los sistemas productivas, y ahora, paradójicamente, necesita legitimarse a través de una nueva identidad societaria, esto es, como institución reproductora de los mercados. De allí el surgimiento del toyotismo como nueva ética del trabajo basada en la función social de la empresa. El toyotismo preanuncia así el nacimiento de un nuevo escenario de confrontación entre el capital y el trabajo, en tanto el trabajo asalariado asuma la doble misión de representar la predominancia al interés general de la sociedad sobre la empresa y la de democratizar la gestión empresaria para reinstalar el poder de la fuerza de trabajo. El trabajo, aún cuando no preserva la centralidad política potencial que se deriva de la gran industria como pensaba Marx, sigue siendo el origen de las experiencias colectivas de los asalariados, de la construcción de subjetividades e identidades laborales y políticas. La tensión entre le individualismo neoliberal y los valores societarios igualitaristas es tan fuerte como lo fueron en las sociedades industriales. La tensión subsiste porque quizás nunca existió "un sujeto obrero igual a la clase obrera" (De la Garza Toledo, 2000). Es que el trabajo, como actividad, es un proceso permanente de construcción social y por lo tanto irreductible a ser subsumido en la ilusión neoliberal de la "sociedad de mercado"

2. Surgimiento de la sociología del trabajo

El trabajo es el sujeto de la "sociología industrial". Esta nace en EE.UU. en la década del cuarenta del siglo pasado, en torno a los problemas psico-sociológicos del trabajo en la industria, pero a través de la sociología europea se transformará en la década del sesenta en una disciplina especializada en el trabajo como unidad entre las actividades y el comportamiento socio-psicológico de los actores, esto es, empresarios y trabajadores en general. Como hemos adelantado, en Francia, con la aparición en 1961 del Tratado de Sociología del Trabajo, coordinado por G. Friedman y P. Naville, la sociología industrial se transforma en sociología del trabajo. A partir de la corriente francesa, la nueva disciplina se traslada a Italia como sociología del trabajo aplicada a la fábrica: se funda Quaderni Rossi (1962), de orientación marxista. Su objeto es demostrar la "cientificidad" de la experiencia obrera a partir de la relación entre investigadores e investigados (los trabajadores). En Francia la sociología del trabajo aplicada da lugar a la ergonomía como disciplina que estudia la "adaptación del trabajo

164

al hombre", estudios de los que da cuenta la revista *Le Travail Humain* (Castillo, 2000).

La década del sesenta —en un contexto de competencia económica entre los EE.UU. y la URSS y de recuperación del dinamismo en Europa Occidental— fue para la sociología del trabajo una época de "optimismo de las fuerzas productivas". El paradigma "desarrollista" se funda en la seguridad de que el desarrollo de las fuerzas productivas originarán los cambios sociales. Esta naciendo, como resultado de la automatización, una "nueva clase obrera". Se ejerce la crítica al taylorismo y se coloca como meta "humanizar al trabajo" (Boyer, 1986).

El movimiento sindical, en los países capitalistas avanzados, a fines de los sesenta da un giro hacia la crítica teórica y política, no sólo del taylorismo sino también del determinismo tecnológico, implícito en el paradigma desarrollista. Así, a principios de los setenta se organiza con base marxista una escuela de sociología del trabajo concentrada en el análisis de los procesos del trabajo. Esta escuela se afinca especialmente en Italia, a través de los estudios sobre la "centralidad de la fábrica" (Aglietta, 1976). En estos años se publican dos libros importantes en EE.UU. y Francia: *Trabajo y capital monopolista. La degradación del trabajo en el siglo XX*, de Harry Braverman, y *La división capitalista del trabajo*, de Michel Freyssonet. Así, a fines de los setenta la crítica al paradigma tecnológico y la fundación de la nueva escuela centrada en la fábrica y los procesos del trabajo, da lugar a un nuevo paradigma: el progreso social depende de presencia politico-sindical del trabajo asalariado en la empresa en tanto se trata de dotar de una nueva racionalidad a los procesos de trabajo y de producción concretos. Este paradigma orienta los estudios de especialistas (sociólogos, economistas, ingenieros, psicólogos, etc.) identificados con el mundo de los trabajadores y los sindicatos. Así, el sujeto de estudio son los trabajadores como "colectivo", como involucrado en el proceso de trabajo y en los sistemas técnicos de producción. La meta es aportar a la actualización de las plataformas sindicales localizando las formas prácticas de resistencia de los trabajadores a la disciplina y el control empresario, en un contexto concreto de división social del trabajo generado por la automatización y la flexibilización funcional de los puestos de trabajo. Esta línea de pensamiento se articulaba en un amplio universo de saberes: la fábrica, las relaciones entre las empresas, el origen de los empresarios, las condiciones de trabajo, las estructuras sindicales en la empresa y la relación cultural y política entre la vida fabril y la vida ciudadana. La sociología del trabajo, habiéndose afincado en la fábrica, se propone el ambicioso objetivo de ejercer desde ella la crítica de desarrollo capitalista (Bagnasco, 1977). En síntesis, era necesario conocer los procesos de trabajo en la fábrica para entender la lógica de la resistencia obrera y dotar a ésta de una teoría de acción política que cuestionaba la legitimidad de la autoridad capitalista en la empresa. La resistencia al poder jerárquico en la fábrica sólo sería exitosa si se extendía a la crítica de la sociedad capitalista en su conjunto. Como era previsible, la respuesta desde los intelectuales vinculados al mundo empresario en los países capitalistas, es limitar y desactivar la estrategia sindical de corrientes contestatarias, reformulando los requerimientos de los puestos y sistemas de trabajo y estableciendo alianzas con sectores sindicales políticamente moderados. La OIT favorece una "solución negociada" entre trabajadores y empresarios afirmando (Spyropoulos, 1976) que la mejora de las condiciones de trabajos contribuye a una mayor eficacia del sistema de producción al ahorrar costos relacionados con el comportamiento de la mano de obra (ausentismo, rotación). Se generaliza la crítica al taylorismo y el fordismo: la cadena de montaje, símbolo del fordismo, es considerada generadora de pérdidas de tiempo por fragmentación y factor de alineación en el trabajo, y que es necesario recrear la motivación en el trabajo a través de grupos semiautónomos.

A principios de la década de los ochenta se hace evidente que se está fundando una "nueva organización industrial": las nuevas tecnologías de la información, la robótica y la importancia del diseño de los productos, bienes y servicios, promueven un cambio organizativo de la fuerza del trabajo. En la fábrica pierde importancia el "obrero masa" y se potencia la producción en módulos autónomos y los grupos de producción. La fábrica es ahora la articulación de pequeñas unidades de producción coordinadas, fenómeno que se potencia con la externalización (subcontratación) de procesos productivos y servicios. La descentralización es "recentralizada" por medio de la informática. La respuesta sindical a estos cambios es tardía, dado el peso de la combinación entre la negociación colectiva rígida, la utilización de los cuerpos de delegados y comisiones internas en la fábrica para ejercer los reclamos tradicionales sobre condiciones de trabajo y la subestimación del potencial transformador político-laboral de la cogestión en las empresas. Así, en la década de los ochenta una nueva realidad productiva se hizo presente y obliga a los sindicatos, especialistas laboralistas y economistas a recordar la olvidada idea de Alfred Marshall de que "una fábrica grande no es más que la reunión de diversas fábricas pequeñas" (Marshall, 1963).

Las transformaciones productivas acaecidas generan nuevos fenómenos organizativos con fuerte impacto en la cultura industrial, a saber: se transfieren actividades a las redes de contratistas (lo que prefigura la futura teoría informática de la economía de redes) y se afianza la función del mercado como generador de asociaciones entre empresas (lo que adelanta la nueva oleada de legitimación del mercado producida por el desplome del socialismo real y el capitalismo de estado con el derrumbe de la URSS en los noventa). Como resultado de la externalización y subcontratación de procesos productivos se modifica la tradicional teoría de la economía informal: la descentralización productiva revaloriza el rol de las pequeñas y mediana empresas subsidiarias y tiene impacto político-institucional al destacar la importancia del municipio como promotor del desarrollo local como parte integrante de la economía nacional en redes y de la inserción de la economía mundial en el mundo naciente de la globalización económica. Producir para demandas diferenciadas y variables de diferentes mercados acelera, por un lado, la necesidad de producir a "tiempo real", es decir con bajos niveles de stock de productos (just-in-time), por otro lado, las empresas para adaptarse al impacto de los ciclos mercantiles sobre los costos de producción, comienzan a desprenderse de trabajadores estables y reemplazarlos por trabajadores temporales. Así comienza una ofensiva cultural del mundo empresario a favor de la "flexibilización laboral" interna y externa a la empresa en los marcos del neoliberalismo.

El neoliberalismo, reelaborando las tesis de la economía neoclásica, aspira a convertirse en el patrón económico-político de la actual "autorrevolución" mundial del capital. Es, por lo tanto, una concepción societaria global, los fundamentos de una revitalización planetaria de las formaciones económico-sociales capitalistas. El neoliberalismo se conforma como unidad de políticas económicas y laborales que dan continuidad a la teoría neoclásica de la elección racional: propone el ajuste macroeconómico con el combate a la inflación a través de la compresión de la demanda agregada, edifica las relaciones sociales a través del libre mercado y el funcionamiento del Estado Mínimo, rompe los pactos tripartitos de base keynesiana que durante el siglo XX lograron ensamblar la acumulación del capital con la legitimidad política, impulsa procesos de reestructuración productiva y de flexibilización de los mercados de trabajo diseñados para la apertura y la globalización. De este modo, el neoliberalismo puede apropiarse de dos instituciones generadas por el impacto de la tercera revolución tecnológica: la *net-economía* y la sociedad de la información (De la Garza Toledo, 2000b). La meta estratégica neoliberal es construir "sociedades de mercado".

Como es conocido, el neoliberalismo se instala en el mundo a fines de la década del setenta e inicios de los ochenta. Es la ideología de la revolución conservadora, con eje en EE.UU. y Gran Bretaña (gobiernos de Reagan y Thatcher), que se aplica en la región a través de las dictaduras militares entonces vigentes. Así, los llamados ajustes neoliberales (que fueron continuados por gobiernos democráticos desde fines de los ochenta) giran sobre dos ejes: por un lado, la reducción de los déficits públicos, el equilibrio en la cuenta corriente de la balanza de pagos y el control de la inflación; por el otro, la reforma económico-política a través de la eliminación del proteccionismo, la desrregulación y las privatizaciones de empresas públicas. La ofensiva contra la inflación es ejecutada según la fórmula monetarista clásica, es decir sobre los círculos monetarios, y no sobre la economía real. De acuerdo a la teoría neoclásica de oferta, cumplidos los objetivos reformistas, fluye la inversión extranjera, la economía crece y el mercado local se revitaliza (Marshall, 1963).

El neoliberalismo trata de subsumir lo político en el mercado: aspira a construir nuevas hegemonías políticas de derecha y centro-derecha con base de masas. En otras palabras, ante el descrédito de los partidos de izquierda en los países desarrollados o democráticos populares policlasistas en los países del Sur, el neoliberalismo se siente fuerte para conquistar el poder (Hirsch, 1992).

En los países del Sur, la reestructuración productiva segmenta y escinde a la economía. Las innovaciones tecnológicas y organizacionales se aplican en grandes empresas controladas principalmente por el capital extranjero (bajo las modalidades de EMT, asociaciones con capitales locales y conglomerados). Las pequeñas y medianas empresas (salvo las dinamizadas en red como subcontratistas o con nichos exportadores) han permanecido al margen de los procesos de modernización, constituyendo subsistemas de baja productividad con relaciones laborales asentadas en la precariedad y el empleo de baja calidad. Como resultado general de este proceso la productividad media de las economías nacionales es baja y coexisten subsistemas económicos con diferentes mercados de trabajo. La reestructuración productiva en el Norte y en el Sur no responde a un solo patrón productivo: hay países donde predomina el cambio tecnológico, hay países donde predomina el cambio organizacional. Tampoco puede decirse que esos patrones productivos respondan siempre a tecnologías duras y blandas de última generación, ya sea porque la difusión de equipos electrónicos y computarizados es incipiente, ya sea porque los cambios organizacionales todavía se producen según patrones "tayloristas" (esto es, acentuando la productividad física). Los métodos productivos toyotistas no son asumidos por los trabajadores, ante todo por la fatídica combinación entre ausencia de la cultura de empresa y el aumento en la explotación de los trabajadores (bajos salarios, precarización del empleo, etc.). La polarización entre empresas transformadas y tradicionales no ha dado lugar a una polarización en la clase obrera, dado que predomina el antiguo trabajador con niveles educativos de especialización bajos. En contextos de dualización productiva, lo que sí ha crecido en la región es el sector informal de la economía, que ha generado en las décadas del ochenta y noventa el 50% del empleo urbano. La feminización de la fuerza de trabajo ha sido el producto de micronegocios y subsidiariamente del empleo asalariado femenino.

La teoría de la oferta ha dado nuevos bríos a la llamada "flexibilidad laboral", concepción ya presente en el capitalismo entre 1900 y 1940. Ahora, desde los años ochenta, se ha convertido en la clave para estudiar la lógica del capital. Se trata de un concepto que no es unívoco. La idea de la flexibilidad del mercado del trabajo es parte de la economía neoclásica. Como tal, es parte de modelos económicos cuyos axiomas permiten luego deducir teoremas. Los principales son: la racionalidad de los agentes (búsqueda de la máxima utilidad a través de la relación óptima entre inversión y fines), consideración de las instituciones extraeconómicas como externalidades de mercado, el equilibrio en los mercados surge de la competencia perfecta y la teoría de la productividad marginal (Neffa, 1990).

Como hemos analizado, la teoría de la productividad marginal sostiene que si se quiebra el equilibrio perfecto en el mercado de trabajo por exceso de trabajadores los salarios en una rama sobrepasan al producto marginal (incremento del producto con respecto al incremento del trabajo). Luego los salarios deben bajar dado que se reducen las ganancias del capital al operar la ley de rendimientos decrecientes. En este contexto los capitales migran a ramas más rentables, provocando desempleo, hasta que los salarios se establezcan sobre nuevos estándares de rentabilidad empresaria. El corolario de la teoría de la productividad marginal postula que se deben eliminar las restricciones (por ejemplo, las normas salariales establecidas en los convenios de trabajo) para facilitar la movilidad de las fuerzas de trabajo en función de la relación equilibrada entre oferta y demanda. El salario, para garantizar la ganancia empresaria en condiciones de equilibrio, debe ser igual al producto marginal del trabajador (producto generado por el último trabajador empleado).

Para la teoría neoclásica es necesario "depurar" al mercado de trabajo de "impurezas" que impiden el equilibrio, a saber: las instituciones públicas que protegen a los sindicatos (el Estado) y el excesivo poder de éstos, facilitando así el empleo precario y el desempleo y con ello el funcionamiento de la llamada competencia perfecta. Esta teoría ha sido cuestionada por el marxismo y el regulacionismo. Ambas teorías coinciden en un punto: los salarios y el empleo no dependen sólo de la productividad sino de la relación socio-política de fuerzas entre capital y trabajo. Esta relación es un factor esencial de la composición tanto de la ganancia media en las distintas ramas de la productividad media por rama y en la economía nacional. Tanto el marxismo como el regulacionismo critican a la teoría neoclásica de la productividad marginal porque la realidad no se ajusta al modelo abstracto de equilibrio, en tanto el proceso de producción no puede ser desligado de la circulación y el consumo, campos de la economía necesariamente sujetos a regulaciones por el sector público.

El regulacionismo —que aparece como única critica sólida al neoliberalismo, luego de la crisis del marxismo— ha desarrollado la noción de fordismo. Entiende por fordismo la articulación entre producción en masa, consumo en masa y las instituciones de regulación de ambos términos. Reconocida la crisis del fordismo desde fines de los setenta, los regulacionistas (Boyer, 1988) incorporan el tema de la flexibilidad laboral, pero localizada más en el proceso de trabajo que en el mercado de trabajo. Postula una flexibilidad negociada entre empresas y sindicatos para lograr optimizar los procesos productivos transformados por las innovaciones productivas y la competencia. Pero, como el regulacionismo no cree que la producción crea su propia demanda, propone nuevos acuerdos en el nivel macro, orientados por el Estado, para impulsar el consumo. El regulacionismo se emparienta así con el keynesianismo. Propone que los sindicatos, superada la fase de "defensa de principios", pasen a una etapa de "ofensiva propositiva" que armonice la mejora de los procesos productivos con nuevas protecciones a los trabajadores. Las ideas regulacionistas han logrado cierto suceso en el interior de los sindicatos, en tanto han sido incorporados como propuestas interesantes para enfrentar los cambios organizacionales y en los procesos de trabajo en las condiciones del post fordismo (Kern y Schumann, 1989).

Dentro del concepto de post-fordismo se incluyen tres vertientes: el regulacionismo (Boyer, 1988), la llamada "especialización flexible" (Piore y Sabel, 1999) y el neoschumpeterismo (Freeman, 1982). Desde una perspectiva marxista también se conectan con esas líneas teóricas los estudios de Robert Castel y Michel Verret (Robert Castel, Michel Verret y otros: "Las nuevas relaciones de clase", en *Actuel Marx*, Buenos Aires, 2000). Como hemos adelantado, el regulacionismo se concentra en estudiar las mediaciones entre producción y consumo, rechazando la teoría neoclásica de los ajustes automáticos en los mercados y sosteniendo que la estabilidad del capitalismo ha sido posible por el funcionamiento de instituciones reguladoras. El regulacionismo considera superado al fordismo a nivel macroeconómico como modo de regulación, en tanto el Estado interventor ya no puede articular producción y consumo en masa (al elevarse en los setenta los salarios sobre la productividad) y a nivel de los procesos de trabajo por las rigideces tayloristas en la estructura del trabajo frente a las innovaciones a procesos y productos. Los regulacionistas sostienen que es necesario flexibilizar los procesos de trabajo (polivalencia funcional, equipos, etc.) pero se oponen a la "flexibilidad externa" (esto es, de los mercados de trabajo) dado que no aceptan la teoría neoclásica de que la producción crea su propia demanda. Por lo tanto, se requieren acuerdos tripartitos macroeconómicos para sostener el consumo y acuerdos a nivel de empresa para regular la introducción de nuevas tecnologías duras y blandas.

La especialización flexible sostiene que el fordismo ha llegado a su límite y es sustituido por un nuevo paradigma productivo en un contexto de introducción de nuevas tecnologías informatizadas, de economía de variedad (variedad de clientes) y de fin de las grandes empresas fordistas como yacimientos de empleo. La especialización flexible apuesta al desarrollo de las pequeñas y medianas empresas competitivas que utilizan tecnologías reprogramables, que funcionan sobre trabajadores especializados con normas flexibles en horarios, puestos y tareas, se organizan en asociaciones (tejidos industriales territoriales, cooperativas, etc. con apoyo técnico y financiero del Estado) y fomentan la cultura de cooperación entre empresarios y trabajadores. Esta línea teórica se opone a la desregulación de los mercados de trabajo, en tanto la formación de una clase obrera especializada requiere negociaciones con los sindicatos para desarrollar capacidades en condiciones de estabilidad en el empleo y de remuneraciones adecuadas.

Debe destacarse que los cambios en el concepto de trabajo incluyen cambios en el concepto de gerencia de la empresa. Aquí funciona el método japonés o toyotismo: sus componentes son la calidad total y justo a tiempo como fundamentos de la nueva organización del trabajo. Se pretende reunificar los conceptos de concepción y ejecución, fomentar la identidad de los trabajadores con la empresa, la productividad, la calidad y la capacitación polifuncional. El toyotismo, según la tradición japonesa , sustituye el concepto de "actor racional" por la idea de grupo, la empresa es una "comunidad de trabajo" y el mercado de trabajo debe funcionar con empleos estables. La flexibilidad es interna (entre puestos de trabajo, categorías, departamentos, horarios, etc.) y define los criterios de ascensos según capacidades y no por la antigüedad.

Se ha señalado que el concepto de flexibilidad es inherente a toda la historia del capital. Esto así porque la arbitrariedad de los empresarios, el trabajo precario y la ausencia de bienes sociales (salud, previsión social, etc.) han sido inherentes al capitalismo desde antes del impacto combinado de la aparición del socialismo y las soluciones keynesianas.

La flexibilidad laboral es funcional al capital, en tanto incluye la contingencia (ciclos económicos, crisis de producción y realización, transformaciones productivas por innovaciones tecnológicas, etc.). Por lo tanto, hoy también hay diversas formas de flexibilidad laboral: pueden distinguirse dos formas principales de flexibilidad, la "post fordista", con acuerdos entre obreros y empresarios en el escenario de nuevas formas gerenciales de organización del trabajo, y la sostenida por los neoclásicos, que se sustenta en la desrregulación "histórica" entre oferta y demanda de empleo en tanto es inherente a la lógica de mercados de trabajo desrregulados. Pero la flexibilidad laboral es una categoría sujeta a realidades externas a ella, como por ejemplo que el capital necesita reproducir y conservar incesantemente la fuerza de trabajo. Esta realidad existe como relación social entre el capital y el trabajo, dando lugar espontáneamente a la organización de los trabajadores como clase y a la constitución de culturas del mundo de los trabajadores que generan identidades y comportamientos políticos críticos a la flexibilidad "neoclásica".

Las tendencias políticas que dotan de regulaciones a las relaciones sociales de producción y distribución son objetivas. La "movilidad externa" es limitada por la necesidad del capital de conservar a los trabajadores calificados y la "movilidad interna" es limitada por la combinación entre racionalidad de los procesos de trabajo y la organización de los trabajadores en el interior de las empresas. La flexibilidad laboral no existe en su forma pura. Tampoco existe un "post fordismo puro", porque el capital combina diversas formas de gestión empresarial. Lo único "puro" es la relación social entre capitalistas y asalariados en tanto relación social que adopta formas concretas a través de relaciones técnicas de trabajo determinadas por los cambios generados por las revoluciones tecnológicas aplicados a los procesos productivos.

La orientación empresaria sobre flexibilidad laboral expresa a la "autorrevolución" del capital y es un componente principal de la ideología y la política de la revolución conservadora. En términos de teoría económica, es una vuelta a los clásicos. Las instituciones internacionales que responden políticamente a la línea de fuerza de la revolución conservadora —el FMI, el BM, el Banco Interamericano del Desarrollo (BID), y otras— avalan y promuevan la versión neoliberal de la flexibilidad laboral. Pero si bien la flexibilidad laboral neoliberal ha logrado textura política sólida, dada la confusión ideológica entre los sindicatos y la crisis del Welfare State, choca en cambio con dificultades objetivas, a saber: que las empresas no pueden funcionar regularmente sin paz laboral, y ello permite a los sindicatos ir adoptando sus políticas sindicales; que la polivalencia funcional o el pago por rendimiento no se pueden extender sin transformaciones tecnológicas y la participación de los trabajadores en las empresas; que el toyotismo es un tipo ideal; y que el just-in-time puede ser compatible con el fordismo, y que la crisis del empleo responde a la dificultad del capital de ser generador de las nuevas formas de trabajar de masas según la idea de la especialización flexible. Así las cosas, la flexibilidad laboral neoliberal no ha podido dar salida a la llamada "crisis de productividad", dado que ésta es inherente a un tipo de capitalismo concentrado en la oferta e incapaz de formar nuevos mercados. Lo único cierto es que, si bien ha nacido un nuevo paradigma productivo —registrado correctamente por el regulacionismo— ese paradigma no puede generalizarse por las limitaciones de los mercados y la incapacidad cultural de la ganancia empresaria para incorporar a los trabajadores a la cooperación estable en los empresas. De hecho la flexibilización laboral es sinónimo de exclusión de los trabajadores de la gestión de la empresa, de pérdida de seguridad en el empleo, en los salarios y condiciones de trabajo tanto en los países del Norte como del Sur. Es sinónimo de un nuevo dualismo entre regiones, entre generaciones, entre grupos étnicos o de género.

La flexibilidad laboral, de inspiración neoliberal, se ha extendido en muchos países periféricos como flexibilidad unilateral y desrregulaciones (cambios regresivos en las legislaciones laborales, retrogradación de la negociación colectiva a nivel de empresas o directamente su bloqueo, abandono de los pactos tripartitos, etc.). La productividad ha aumentado sobre bases físicas (intensificación del trabajo) y en un contexto socio-político de desempleo estructural creciente en el sector formal de la economía y de utilización del Estado como inductor de la "flexibilización salvaje". Sin embargo, los sindicatos están respondiendo asumiendo la necesidad de la reestructuración productiva y promoviendo políticas y acciones para imponer límites en su impacto sobre los trabajadores: se está constituyendo en el interior de los sindicatos en países del Norte y del Sur una cultura político-técnica que permitirá recuperar espacios para contraofensiva sindical frente a la revolución conservadora.

3. Calificaciones, competencia y poder en la empresa

El estudio de las calificaciones en los procesos productivos, según el desarrollo de las tecnologías, permite estudiar la división social del trabajo y la relación entre el cambio tecnológico y organizacional en el capitalismo. El estudio de las calificaciones es el estudio de la relación entre los sistemas educativos y los sistemas productivos en la historia del capitalismo (Tanguy, 1984). Por su contenido la calificación incluye las capacidades adquiridas por los trabajadores, las demandas de capacidades derivadas de los puestos de trabajo y los sistemas de remuneración de la fuerza de trabajo.

El concepto de calificación depende del tipo de división social del trabajo. En Marx el tema es presentado como un doble movimiento: como degradación del saber artesanal y constitución del trabajo fragmentado a través de la desagregación en operaciones parciales que da lugar a la formación de la clase obrera industrial. En Marx la especialización es sinónimo de ausencia de formación, y por lo tanto de depreciación de la fuerza de trabajo, al tiempo que es la premisa para que la igualación en la retribución de esas destrezas devaluadas se constituye en la base material de una nueva clase social (Carrillo e Irauzo, 2000).

Las nuevas calificaciones y reestructuraciones de tareas generadas por la división del trabajo en la gran industria entre 1870 y 1914 limitarán la potencia anticapitalista basada en los infortunios vividos por la clase obrera en la primera revolución industrial, para instalar la necesidad de dar respuestas sindicales, políticas y técnicas a esa nueva realidad del mundo del trabajo. Pero la iniciativa teórica no provendrá del socialismo sino del campo empresario: el taylorismo. Este profundizará el proceso de simplificación de las tareas (en tanto el taylorismo sólo requiere de obreros en buenas condiciones físicas con capacidades intelectuales elementales), pero bajo la planificación sistémica: la separación entre concepción y ejecución, el estudio de los tiempos y movimientos, la especialización de tareas, la formación circunscripta al puesto de trabajo, etc., no sólo redujo aún más la necesidad del trabajo calificado, sino que traspasó a la gerencia el dominio de todo saber productivo (Coriat, 1981). El taylorismo, al traducir en normas las operaciones y procesos, funda la moderna ciencia de la administración del trabajo, al tiempo que expropia a los trabajadores el conocimiento y destrezas adquiridas por los oficios. Tal novedad fue captada por marxismo tardíamente: así, por ejemplo, como hemos visto, V.I. Lenin recién presta atención al taylorismo en el momento de iniciarse la edificación de la "industria socialista" en la Rusia soviética, a principios de la década del veinte.

En Taylor el saber sistematizado sobre el trabajo es propiedad de los teóricos, y se desarrolla como doctrina de las organización. En Ford el saber sistemático es la propiedad de los sistemas de máquinas y se enriquece como innovación tecnológica continua (Neffa, 1990). En ambos planteamientos los trabajadores se enajenan por la pérdida de todo control sobre el proceso productivo. La cadena de producción y el cronómetro limitan la creatividad del trabajo. El objetivo del taylorismo, del fordismo y de la teoría organizacional anglosajona es el control de la fuerza de trabajo, y de ese objetivo dependen los sistemas de calificaciones. Las teorías organizacionales mencionadas permitieron fundar entre 1900 y 1930 la lógica laboral de la nueva sociedad industrial. Pero no pudieron resolver el problema de que la misma sociedad industrial incluía la formación de culturas obreras y la organización sindical y política de los trabajadores. Así, si bien un dato objetivo era el progreso en la productividad del trabajo, generado por la aplicación de los nuevos saberes empresariales, también un dato objetivo era la apropiación por los trabajadores y sindicatos de nuevos saberes socioprofesionales para volcarlos en forma sistemática en la negociación colectiva: esta realidad contradictoria se desarrolla como contenido de la contradicción entre el capital y el trabajo, especialmente en los países industrializados y como contenido de la tensión entre la necesidad de las empresas de paz laboral y la necesidad de los sindicatos de regular los procesos de trabajo, las clarificaciones de los puestos de trabajo y los sistemas de remuneración (Mertens y Palomares, 1996).

En este contexto la flamante sociología del trabajo concurre a buscar respuestas técnicas que servirán a los trabajadores para organizar sus ideas sobre el trabajo y poder así reequilibrar las fuerzas con el capital: la sociología del trabajo francesa en la década de los cincuenta, ubica como eje temático la relación entre la técnica y el trabajo y coloca en el centro del debate el tema de las calificaciones. Es cierto que los fundamentos teóricos se centraban en que la automatización era el preludio de la liberación del hombre, en tanto el trabajo físico podría ahora liberarse de la máquina a través de su metamorfosis en trabajo calificado de control (Ritcha, 1974). Por eso se ha calificado a la sociología del trabajo entre los años cincuenta y sesenta de "determinismo tecnológico" (Rojas y Proietti, 1992). Pero en tanto la nueva sociología del trabajo se concentra en estudiar el impacto de los avances tecnológicos en las empresas a través de las calificaciones y los puestos de trabajo, produce estudios de suma importancia para renovar los objetivos y los métodos de acción sindical. Aporta que el sujeto sindical alcance la recomposición político-técnica y cultural organizando conceptualmente las categorías y afirmando la importancia de la participación de los trabajadores en la gestión de las empresas (Peters y Waterman, 1998).

Es cierto que a mayor complejidad tecnológica descienden los requerimientos de calificación (curva de Bright), pero también lo era que la automatización debía responder a los intereses de la sociedad y no a los intereses del capital, esto es, al control de la fuerza de trabajo y la reducción de los requerimientos de las calificaciones. En el transcurso de los años sesenta y setenta, el debate sobre la automatización permitió consolidar la idea que desde la manufactura, la división del trabajo capitalista (según las etapas de cambio tecnológico) había sido determinada por el interés del capital de ejercer un férreo control social (Marglin, 1977). En la cooperación capitalista el trabajador había perdido el dominio sobre el proceso de producción, en la manufactura pierde el dominio sobre el proceso de trabajo, en la mecanización pierde el dominio sobre su trabajo y en la automatización pierde el contacto con la materia y pasa a ser un simple controlador (Foye Soner, 1977). De este modo se producía una concentración de saberes en las técnicas y se consolidaba la estratificación dualista del mundo del trabajo (Gorz, 1983).

Constituida con un fuerte componente de determinismo tecnológico, la escuela de sociología del trabajo francesa evolucionaría pronto a la crítica de la relación mecánica entre progreso técnico y progreso social. Pero partiendo de que el progreso técnico constituía una de las premisas centrales de la "civilización del capital", de la capacidad del capital de producir autorrevoluciones periódicas de base tecnológica que permitirán hacer coincidir un aumento en la productividad del trabajo con nuevas formas de control y hegemonía ideológica sobre los trabajadores. Esta conclusión teórica no era de menor importancia, se la vinculaba con el hecho de que el atraso tecnológico en la URSS se vislumbraba en los años setenta como un factor decisivo en la descomposición y desaparición del llamado socialismo real (Godio, 2000).

De modo que el "determinismo tecnológico" había sido cuestionado con razón por su optimismo positivista. Pero también lo sería la crítica al capital desde expectativas catastrofistas de desprecio de la tecnología: esto se vio a comienzos de los años setenta, cuando comienzan a experimentarse en Europa nuevas formas de organización del trabajo (ampliación y enriquecimiento del trabajo, rotación de tareas, equipos de producción, etc.) que se basan en la recalificación y mayor autonomía de los trabajadores. Así, la recalificación y la autonomía eran necesidades derivadas de las nuevas tecnologías que generaban imprevistos, produciendo una escisión entre trabajo reglamentado y trabajo real: se requería flexibilidad para gestionar situaciones de imprevisión (averías, accidentes, etc.), de requerimientos de respuestas a informaciones diversificadas y demandas complejas de los procesos automáticos (Coriat, 1983). La tendencia a la autonomía y el trabajo en equipos flexibles se refuerza en los años ochenta con el nuevo paradigma técnico económico, basado en calificaciones artesanales con equipos flexibles, en las pequeñas y medianas empresas o "especialización flexible". Por último, en sectores industriales de punta se registra un proceso de recalificación (automotriz, química e industria pesada de producción de máquinas) por la necesidad de integrar tareas, optimización de las competencias y la articulación horizontal de las relaciones laborales (Kern y Schumann, 1989).

Como resultado de la combinación de las realidades laborales comentadas los estudios sobre el trabajo registran que se está constituyendo un nuevo paradigma técnico económico de eficiencia, superador del modelo taylorista-fordista, basado en la importancia de las calificaciones. Los trabajadores más beneficiados serán los ocupados en empresas "post fordistas". Nace el "toyotismo", ya analizado, como paradigma organizacional, también conocido como "ohnismo" (por Ohno, ingeniero de Toyota y sistematizador de los nuevos sistemas productivos): la esencia del ohnismo como reformulación del trabajo es la polivalencia funcional o pluriespacialización, las tareas de control de calidad a los equipos de fabricación, la reasociación entre tareas de programación y fabricación. No se excluye un camino original a través de la asociación entre ohnismo y el taylorismo. Pero lo común a ambos procesos —ohnismo y neotaylorismo— son las calificaciones como articuladoras de los procesos de trabajo flexible en economías de variedad o "*lean productions*".

Como hemos adelantado, la revalorización de las calificaciones y el trabajo autónomo en equipos exige una cooperación fluida entre trabajadores de producción y mandos superiores. Pasan a primer plano los oficios, las iniciativas individuales y en el equipo, el procesamiento de información por grupos de trabajadores, etc. El resultado conceptual del impacto técnico-económico sobre los contenidos del trabajo es lo que da origen a la noción de "competencias". Estas abarcan a las variadas capacidades y cualidades determinadas por la mayor complejidad de conocimientos técnicos que se requieren para optimizar la productividad en empresas reestructuradas flexibles. Los puestos de trabajo en las empresas flexibles requieren saberes especializados y capacidades para desarrollar acciones en equipos semiautónomos. Esos nuevos saberes sólo pueden ser asimilados por los trabajadores si cuentan con capacidad para el análisis y la conceptualización frente a procesos de trabajo informatizados y automatizados. Estos nuevos saberes serán determinantes para ampliar las posibilidades de empleabilidad de los trabajadores en las empresas transformadas (Mertens y Palomares, 1996).

La cuestión de las calificaciones se introduce en el debate sobre el trabajo a partir de los cambios técnicos. Pero pasada la fase de exploración empírica, como observación de las nuevas estructuras profesionales, resurge el viejo tema de considerar a las calificaciones como la forma concreta de existencia de las relaciones sociales de producción en el capitalismo. Las calificaciones son las determinaciones de división social abstracta del trabajo. El marxismo "aggiornado" se reintroduce así en el debate al considerarse las competencias como "construcción social" y como "construcción de nuevas subjetividades": la calificación se reinstala así como determinación del proceso abstracto del trabajo, como "hecho social" y anclaje del trabajador en posición de confrontación histórica con el capital.

El resultado "invisible" de las calificaciones es que motiva a los trabajadores a reflexionar su condición de clase en un contexto de revolución tecnológica y constitución de un nuevo paradigma productivo. Surgen nuevas identidades colectivas obreras, ancladas ahora en los nuevos sistemas de calificaciones que dan sentido objetivo a la acción reivindicativa organizada. Las políticas sindicales sólo podrán ser efectivas para convocar a la organización y movilización de los colectivos obreros si dan cuenta del impacto de los nuevos paradigmas productivos en la conciencia obrera. Se abre un nuevo escenario de búsqueda sobre las nuevas formas que adopta el conflicto histórico sobre el capital y el trabajo (Negri, 1994).

Surgen nuevas evidencias, a saber: que la autonomía de los equipos en las empresas es "local" o "parcelaria" mientras que se desarrollan nuevas estructuras de control centralizado, que los equipos tienen una participación en el diseño y planeamiento, la gerencia diseña estructuras y dinámicas de trabajo sin incorporar al sindicato a la selección y contratación, capacitación y promoción del personal, etc. Para ejercer control sobre los procesos de trabajo, los sindicatos deben "recrear" su función de representación de colectivos de trabajadores como articuladores de relaciones multidimensionales que incluyen las nuevas tecnologías, la organización del trabajo, los mercados internos del trabajo, los nuevos sistemas de remuneraciones, las nuevas instituciones y niveles de capacitación duales (empresas, instituciones educativas), la normativización de los nuevos sistemas laborales y los perfiles sociolaborales de los trabajadores. El sindicato es impulsado a renovar las culturas político-sindicales, dado que ahora necesita colocar en primer plano la cogestión en las empresas, sin perder la autonomía.

Es de suma importancia destacar que las calificaciones forman parte de sistemas y ramas productivas heterogéneas. Por eso las demandas de calificaciones según los puestos de trabajo son diferenciadas y dependen de los cambios técnicos y organizacionales de las empresas automatizadas por sector o rama (Novick y Senén González, 1994). Al mismo tiempo las calificaciones se polarizan dentro de las empresas transformadas entre sectores de trabajadores calificados y sectores no calificados, entre núcleos de trabajadores centrales al sistema productivo y periféricos, ocupados en puestos estables o precarios, sindicalizados y no sindicalizados. La argumentación de los mercados de trabajo y la inestabilidad en la planificación estratégica de las empresas, ambos resultados de la dualización capitalista, determina en los modelos productivos que el proceso de las calificaciones se desenvuelven dentro de la oposición descalificación y recalificación. Es decir dentro de cuadros generales en el que coexiste la tendencia o enriquecer el trabajo con la tendencia al deterioro de los salarios y las condiciones de trabajo y al fomento de la rotación en el empleo. Esta realidad sociolaboral abarca en los países del Sur a las empresas privadas, empresas del sector público y administración pública. En consecuencia, emerge la necesidad de planificar desde el Estado a través de "políticas de competencias". Estas abarcan dos grandes campos, a saber: a) los destinados a incrementar las capacidades de los trabajadores ocupados y desocupados que están o han sido parte de los mercados de trabajo; y b) preparar a la fuerza laboral (en particular a jóvenes y mujeres) que buscan incorporarse a los mercados de trabajo. Ambos sectores requieren ser capacitados para los perfiles ocupacionales demandados por las empresas. La formación profesional escapa a los niveles de la calificación práctica en el puesto de trabajo, para desarrollarse como "currícula", como "capacitación continua" en sistemas de aprendizaje "duales" (empresas, sistemas públicos de educación y sindicatos). Son "sistemas abiertos de aprendizaje continuo" (Mertens y Palomares, 1996), en tanto se desarrollan como transmisores de saberes dentro y fuera del lugar de trabajo, formación práctico-científica de base técnica pero que incluye la capacitación para la participación en los procesos de trabajo complejos de diseño y ejecución. La problemática actual sobre las calificaciones excede las capacidades de los empresarios formados en la empresa y los sindicatos de reclamos, para generar la necesidad de apoyo de sociólogos, ingenieros, pedagogos, demógrafos, antropólogos y médicos, tanto a los sindicatos como a organizaciones empresarias y a los departamentos laborales del Estado,

4. Las empresas y los sistemas laborales como productores de culturas

Dentro del campo de los estudios del trabajo se destaca el área de las culturas laborales. Se trata de un área en que se integran los enfoques de los sistemas laborales en relación con los contenidos simbólicos del trabajo, las valoraciones subjetivas del trabajo y de la empresa, la construcción de identidades laborales y ocupacionales, las relaciones entre las culturas empresarias y obreras. Las culturas del trabajo tienen un núcleo duro de articulación: lo político-laboral, en tanto se requiere organizar intereses y comportamientos de los grupos socio-laborales y establece las líneas de intervención para dar continuidad o transformar los sistemas productivos.

La temática de las culturas del trabajo surge luego de la Segunda Guerra Mundial como combinación de dos vertientes: por un lado el resultado de la larga construcción de las culturas obreras desde fines del siglo XIX, culturas que se materializaron en partidos, sindicatos y diversas formas de acción socio-política; por otro lado el nuevo impulso de modernización de los procesos de trabajo y la urbanización, luego de la guerra, que incluía el consenso de los trabajadores y por lo tanto un conocimiento científico de los valores e ideas-fuerza propias a esas culturas (Guadarrama Olivera, 2000). El concepto de cultura obrera, como participación y al mismo tiempo disputa sobre el significado de la cultura del trabajo, nace a través de la homogeneización de los comportamientos de los trabajadores asalariados desde el interior de la primera revolución industrial. Este proceso desemboca en los países industrializados europeos en la formación de culturas obreras que cohesionan a los trabajadores frente a la cultura de la burguesía. Esa cohesión es el producto de la unidad dialéctica entre espontaneidad y organización, entre las huelgas y acciones políticas de los trabajadores y la constitución de partidos y sindicatos.

A principios del siglo XX, durante la segunda revolución tecnológica, comienzan a aparecer estudios sobre las formas concretas de existencia de las culturas obreras en las empresas. Así aparece la mencionada escuela psico-social de Elton Mayo en EE.UU., el país tecnológicamente más desarrollado. Esta escuela arraigó en Inglaterra y Francia. En todos los casos la preocupación era estudiar los valores y actitudes de los trabajadores frente a los procesos del trabajo en condiciones de transformaciones en los sistemas productivos. En este contexto de estudio de la interacción entre trabajadores y empresas se origina como objeto de estudio la cultura laboral en las empresas. En Inglaterra la vertiente de los estudios psico-sociales en los procesos de trabajo se ve enriquecida con los aportes de la sociología empírica y la historia social marxista. En lo político, el estudio de la cultura laboral se expresa en las ideologías políticas y las plataformas de partidos en general y en los sindicatos, en lo científico en las corrientes académicas. Las fronteras entre culturas empresarias y obreras se conectan en el territorio común de las empresas.

Ha sido en Inglaterra donde el proceso de identificación de las culturas laborales fue más completo hasta fines de la década de los sesenta. En ese país coexistirán varias corrientes, a saber: se forma una primera que localiza el cambio cultural entre los trabajadores por la generalización del individualismo social, asociado a la expansión del consumo (Critcher, 1979). Dentro de esta corriente debe ubicarse la teoría de la asimilación de la clase obrera a la cultura de los sectores medios a través de una orientación instrumental hacia el trabajo (diferente al orgullo profesional de los viejos obreros industriales) que acepta trabajos monótonos pero bien pagados (Goldthorpe, 1964); se constituye una segunda, marxista, que a diferencia del marxismo tradicional no parte de la situación productiva para explicar la cultura obrera inglesa, sino de las experiencias históricas de larga duración de la clase obrera. Se trata de la orientación inaugurada por E.P. Thompson en su libro *The Making of the English Working Class*. Cercano a Gramsci y lejos de Althusser, Thompson considera que los individuos se identifican con las comunidades obreras, actúan juntos y conforman históricamente la conciencia obrera (Thompson, 1977).

El debate entre las distintas orientaciones dará lugar a nuevas teorías, por ejemplo, la de "orientación hacia el trabajo", que relaciona las condiciones de trabajo con las comunidades y la vida cultural de los trabajadores como el ámbito de construcción de la cultura obrera (Deurne, 1992). Para Deurne la conciencia obrera es determinada por las experiencias de movilidad geográfica, en la familia, el barrio y el trabajo. Sobre la base de la tradición teórica francesa que vincula desarrollo tecnológico y calificación de la fuerza de trabajo (Naville y Rolle, 1963) surgirán teóricos que plantean que se está constituyendo una nueva clase obrera por la generalización de nuevas calificaciones. Según Mallet y Touraine, los procesos de mecanización y racionalización del trabajo en condiciones de transformación productiva, al modificar las tareas, modifican los valores hacia el trabajo y dan lugar a la formación de una "nueva clase obrera" (Mallet, 1976, y Touraine, 1973).

Los estudios en EE.UU. sobre las culturas laborales están vinculados con la sociología de las organizaciones: el objeto es el estudio de las interacciones y ensamblamiento entre las subculturas de los grupos ocupacionales y la relación de éstos con la cultura gerencial. Como resultado las culturas laborales expresan el deseo de la autonomía de cada grupo ocupacional en tensión con la cultura corporativa de la empresa (Trice, 1993). A partir de la tesis de Trice se han desplegado nuevas orientaciones concentradas en los procesos de adaptación cultural de los trabajadores a los cambios productivos, las dimensiones simbólicas de los procesos de trabajo y la importancia de las relaciones sociales específicas (de etnias, género, edades, etc.) en la construcción de las culturas laborales (Guadarrama Olivera, 2000).

En las últimas dos décadas los enfoques sobre la cultura obrera se vinculan a los procesos de globalización y revolución tecnológica y su impacto sobre el trabajo: así, surgen estudios sobre la cultura del desempleo (sobre el género y la feminización de sectores económicos, sobre la reducción del tiempo de trabajo, etc.). Se observa en estos estudios la preocupación por registrar el impacto sobre las culturas obreras de un mundo del trabajo heterogéneo y multiforme: lo simbólico pasa a sustituir a lo técnico-productivo como principal variable de estructuración de las culturas obreras y laborales.

5. La teoría de la organización como territorio de disputa y cooperación

Como hemos planteado en el capítulo primero de este texto, en las últimas dos décadas del siglo XX hubo modificaciones sustanciales en las organizaciones. El cambio se presenta en el mundo del trabajo por la incorporación de nuevas tecnologías, las nuevas formas de organización del trabajo a través de la externalización de procesos, las nuevas modalidades de contratación y remuneración con énfasis en la contratación individual y precaria en detrimento de la estabilidad laboral y los contratos colectivos rígidos, y por el hecho de que las empresas pierden autonomía parcelaria y deben asociarse en redes para participar en la economía global, el espacio y el tiempo para las empresas y trabajadores reducen su dimensión nacional-estatal por la globalización. Como consecuencia de estos cambios se están produciendo transformaciones en las Teorías Organizacionales de las empresas y el trabajo (TO).

La TO ha sido una institución que sistematiza los saberes sobre el trabajo desde fines del siglo XIX. Entre 1870 y

1925 la TO se constituye como solución organizativa al paso del taller artesanal a la fábrica mecanizada, y de la empresa familiar a las corporaciones por acciones. Se funda la llamada administración sistemática como disciplina: su objeto es introducir modernos sistemas de contabilidad de costos y de control de la producción, de contratación del personal y de sistemas de remuneración, de diseño de los espacios de trabajo, etc. (Litterer, 1959). Estas innovaciones organizacionales son complementadas por la administración científica del trabajo o taylorismo que hemos analizado y se concentran en mejoras técnicas y organizativas de los procesos del trabajo: departamentos de planeación, estandarización de tiempos y movimientos, nuevos regímenes de incentivos salariales asociados con la productividad (Taylor, 1972). El impacto sobre el trabajo de la taylorización se desarrolla en dos direcciones: como destrucción de los saberes del oficio entre los trabajadores por la estandarización de procesos y operaciones, y como subordinación de los saberes empresarios familiares a la nueva gerencia de administración sistémica. Con la administración sistémica y el taylorismo en la industria la ciencia se reintroduce en el trabajo a través del rol de economistas especializados en empresas, ingenieros, etc. La necesidad de readaptar y disciplinar a los trabajadores a las nuevas formas de trabajar da inicio a una relación inédita entre las empresas y la medicina y psicología industrial: estudios sobre el impacto de la fatiga y la monotonía del trabajo, sobre la salud psíquica de los trabajadores, sobre los requerimientos psicológicos y culturales de los puestos de trabajo y sobre la selección del personal, dan lugar a un fuerte impulso de la TO (Ibarra Colado, 2000).

El primer enfoque institucional de la TO se concentra en los temas de relaciones humanas en las empresas en los EE.UU. en la década del treinta. El objetivo era estudiar las organizaciones sociales informales en las empresas, que eran generadores de las actitudes psicológicas de los trabajadores y los grupos de trabajo (Mayo, 1933). La meta era lograr organizar a la empresa como "sistema en equilibrio" técnico y humano (en la línea de Pareto). En la obra *Management and the Worker* (Roethilsberger y Dickson, 1939) se diseña a la organización industrial como "sistema social" que cumple dos funciones: técnica (fabrica productos) y social (proporciona satisfacción en el trabajo). Por lo tanto se requiere desarrollar la "organización humana" dentro de la empresa. Esta comprende tanto la atención de los individuos como los grupos de trabajo.

La organización social de la empresa incluye dos subsistemas: la organización formal, que responde a normas que determinan los comportamientos laborales, y a la organización informal, que abarca las relaciones interpersonales regidas por sistemas de ideas y creencias, y cristalizadas en sentimientos. El conocimiento de la lógica de funcionamiento de la organización informal serviría como apoyo para los conflictos laborales, y construir la organización en la empresa como "sistema social cooperativo en equilibrio" (Barnard, 1938). La organización formal necesitaba articular sus acciones en el interior de la organización informal, desplazando en importancia a la coerción como herramienta de disciplina y colocando en primer lugar al consenso. Se debía lograr un balance de equilibrio entre ambas organizaciones para preservar el control del personal ejecutivo superior sobre los trabajadores.

La TO, en tanto se había instalado como disciplina, necesitaba establecer sus fundamentos científicos apropiándose y reelaborando teorías sociológicas afines: este movimiento teórico se desarrolla durante tres décadas (1940-1970). Comienza por la apropiación de la teoría de Max Weber sobre la burocracia, que llega a EE.UU. a través de Talcott Parsons. Los sofisticados conceptos de Weber sobre poder y autoridad y la relación entre ambos son traducidos por la TO para su aplicación al funcionamiento de las organizaciones, dando como resultado la centralidad del concepto de autoridad, cooperación y consenso. Estos dan legitimidad a las organizaciones para influir en el comportamiento de los individuos y lograr las metas a través de la acción cooperativa entre la gerencia y los trabajadores. Los componentes conflicto de intereses, coerción y fuerzas, centrales en la teoría de Weber, son eliminados y sustituidos por el concepto de disfunción (que genera la "disfuncionalidad" como ruptura de la racionalidad de las estructuras formales en las empresas.

La TO se fundamenta inicialmente en las teorías generales de la burocracia de Merton y el estructural-funcionalismo de Parsons. Avanza hacia convertirse en una "teoría del comportamiento", articulada sobre la necesidad de la organización (en este caso de la empresa) al generar un medio ambiente propicio para compatibilizar la racionalidad subjetiva de los actores con la racionalidad de la organización. Esta línea teórica desemboca en la explicación de los mecanismos que posibilitan el equilibrio entre las organizaciones y los grupos que participan en ella, para posibilitar la operatividad del poder a través de sistemas, procedimiento y políticas que permiten a la autoridad influir sobre los grupos (Cyert y March, 1963).

Entre 1940 y 1970 se desarrolla otra vertiente de la TO: se trata de la renovación de las técnicas de relaciones humanas, acentuando la importancia en el trabajo de los factores psicológicos asociados en el comportamiento individual: la búsqueda de herramientas institucionales para permitir el crecimiento psicológico de los trabajadores, conduce a esta línea de la TO a destacar la importancia de los grupos de trabajo, el involucramiento de los trabajadores en los procesos de toma de decisiones, el rediseño de las líneas de producción para permitir una mayor comunicación entre los operarios y el establecimiento de motivaciones más amplias que las salariales (Likert, 1959). Al final del proceso, en los años sesenta la TO se constituye en la disciplina que estudia las organizaciones y sus estructuras sobre tres ejes: el contexto institucional, los sistemas de decisiones y el comportamiento de grupos e individuos. Pretende ser aplicada a todo tipo de organizaciones, aunque su origen y el escenario principal de aplicación ha sido la empresa.

Los tres ejes mencionados constituyen actualmente la base metodológica de apoyo de la TO. Pero se desarrollan nuevas áreas, a saber:

- la relación entre TO y las llamadas "imperfecciones del mercado", signadas por el creciente control de los mercados por oligopolios y monopolios. Esta área prioriza el estudio de los procesos de burocratización (centralización del mando) en las grandes corporaciones;

- el área denominada "ecología organizacional", que estudia el funcionamiento de las empresas en condiciones de restricciones impuestas por el medio ambiente;

- el área denominada "nuevo institucionalismo", que estudia los cambios en los sistemas político-culturales en la globalización y sus impactos sobre las organizaciones, en este caso las empresas.

Las tres áreas buscan devolver a las organizaciones su capacidad de elección estratégica en situaciones de incertidumbre por las transformaciones productivas, comerciales, financieras, etc. Debe incorporarse la temática de la economía y las empresas en red (network) y la sociedad de la información. La categoría teórica de la TO para englobar las tres áreas mencionadas es conocida como "economía política de las organizaciones" (Zald, 1970).

La TO, al buscar un nicho en el concepto de "incertidumbre macroeconómica y política", ha extendido ese concepto a la microeconomía y las instituciones político-sociales sectoriales en general. A nivel micho surgen entonces las teorías de la "ambigüedad organizativa" que presta atención a los rasgos de irracionalidad presente en el comportamiento institucional. El hecho de que las empresas deban subordinar la planificación estratégica a los comportamientos diferenciados de los mercados (mutaciones tecnológico-productivas, mutaciones en la estructura del consumo, etc.) está introduciendo en las gerencias de empresa las nociones de "anarquías organizativas" (Cohen y March, 1974) o de sistemas acoplados flexibles (Werk, 1976). La empresa actúa con poca claridad y consistencia en sus objetivos al guiarse por impulsos frente a los cambios en los mercados que sólo premian los aciertos en costos-oportunidades de las decisiones de las gerencias. Se habla de "anarquía organizativa" no porque las empresas carezcan de estructura de gestión definidas, sino porque éstas dependen de un orden exterior a ellos, esto es, a los mercados.

También se registra un cambio en el enfoque de la cultura organizacional en relación a los comportamientos de la fuerza de trabajo: como hemos visto, las primeras preocupaciones de la TO se concentraron en las organizaciones informales, luego en la satisfacción de las necesidades materiales y vivenciales de los trabajadores, y actualmente lo prioritario es potenciar los valores y creencias que propician la unidad y la integración dentro de la empresa, algo así como un contrapeso a la "incertidumbre organizacional" comentada (Deal y Kennedy, 1982). De este modo se "retorna" a la antigua formulación de Parsons de la empresa como sistema de valores que orientan la acción. La cultura de la "excelencia" es propiedad de la empresa para lograr la unidad monolítica, la unidad de la organización. Los ejecutivos son el núcleo dirigente de la organización, y la meta de ésta es lograr lealtad y compromiso de los trabajadores para alcanzar altos estándares de productividad. Para ello es necesario que los sujetos —los trabajadores— asuman como identidades individuales los valores de la excelencia y el éxito de la empresa (Peters y Waterman,

1992). La excelencia como valor individual de "ser el mejor" es una idea poderosa, que ha hecho posible que colectivos de trabajadores faciliten las transformaciones productivas en las empresas con ajuste de personal. El fracaso es asociado con la "pereza intelectual" de grupos de trabajadores renuentes al cambio técnico. De este modo se construye el trípode que fundamenta a la TO: excelencia en los individuos trabajadores, ingeniería en las organizaciones y globalización del mundo.

En la década de los ochenta —en pleno despliegue de autorrevolución del capital— la TO se orienta hacia una línea conocida como "simbolismo organizacional" (Turner, 1990) que se plantea superar la orientación racionalista tradicional y recupera ideas ya presentes en la teoría de los dos sistemas (formal e informal). Se estudia la organización desde el ángulo de los valores y emociones, de los mitos, del lenguaje y las representaciones. Se trata de comprender a las organizaciones en función de los significados y las relaciones entre los miembros. Por lo tanto pasan a primer plano los sujetos de la organización según género, etnia, clase, posición política, creencias, etc. La organización es un crisol de pluralidad de sujetos, definición válida para el estudio de las empresas transnacionales, la maquila, enclaves industriales apoyados en procesos migratorios y empresas pluriétnicos en los países desarrollados, etc. (Mills y Simmons, 1995).

La TO contiene una historia de cien años, muy esquemáticamente planteada en estas páginas. Una historia que parte de la tesis de que la organización debe ser gestionada científicamente para lograr eficiencia y productividad. Al final del camino, la TO ya es otra cosa: las organizaciones se conforman en redes de relaciones en las que las técnicas de gestión incluyen un fuerte componente simbólico y psicológico. La empresa —como modalidad organizativa— es una síntesis de saberes (laborales, gerenciales, culturales, etc.).

6. La cooperación interempresarial en red y la reestructuración sindical

Hemos adelantado en el capítulo primero de este texto que los cambios recientes en las relaciones ente las empresas, y entre éstas y los mercados, son el producto de la "autorrevolución del capital" y su impacto a nivel mundial sobre el funcionamiento del sistema capitalista. El acotamiento de las atribuciones del Estado nacional, por un lado, y la globalización, la concentración del capital e Internet y la emergencia de la nueva economía, por el otro, tienen como efectos visibles la reducción del protagonismo a escala nacional de algunos sectores (trabajadores, sindicatos y sectores empresarios pequeños y medianos marginados). Los mercados de capitales y de consumo se homogeneizan bajo el control institucional del FMI, el BM, la OMC y las grandes corporaciones multinacionales, e instalan nuevos patrones de industrialización en los países del Norte y el Sur. Los mercados nacionales se abren a la competencia desregulada para permitir la realización de la producción de bienes y servicios en la segunda ola de mundialización (Caselat Ravenna, 2000). Como componente productivo de estos cambios mundiales surgen nuevas formas de cooperación interempresarial.

La superación-incorporación subordinada del fordismo en el mundo toyotista de las empresas de variedad y *just-in-time* ha generado un rápido proceso de descentralización productiva: se ha abierto un escenario de descentralización —bajo la modalidad principal de subcontratación de proveedores— en la que las empresas integradas verticalmente dan paso a empresas horizontalizadas a través del aprovisionamiento externo de procesos y productos. La circulación de la información a través de la informática ha permitido a segmentos de PyMES acceder a la demanda de grandes empresas y a los mercados internacionales (Rifkin, 2000). De este modo

196

surgen nuevas formas de cooperación a través de redes empresariales. Estas redes abarcan una variedad de actividades: comerciales, de transferencia tecnológica, de transformación organizativa, etc. Los estados de los países industrializados se involucran en este nuevo escenario productivo, prestando apoyo técnico para el desarrollo y articulación de las empresas en red en regiones interestatales o supranacionales que determinan las condiciones de competencia, esto es, del éxito o fracaso de los emprendimientos productivos. Naturalmente, los estados nacionales de los países industrializados practican políticas de protección selectiva de sectores productivos estratégicos, ya sea a través de medidas proteccionistas internas o, como es el caso de la UE, a través de medidas proteccionistas con países extracomunitarios. En el caso de los países del Sur succionados por la globalización, tales políticas proteccionistas selectivas son inexistentes, y sellan el final de las políticas de sustitución de importaciones tradicionales.

La globalización no se limita a los intercambios económicos. Se legitima en una nueva concepción social opuesta al período histórico 1945-1970, en la que dominaron la escena los modelos industriales keynesianos en Occidente y el "socialismo real" en la URSS, China y otros países europeos, asiáticos y Cuba (Touraine, 1977). El mercado como categoría socioeconómica ha "vencido": como institución articuladora de la sociedad y regulación de la política, es el campo de acción estratégico de actores que pretenden controlar un entorno imprevisible (Caselat Ravenna, 2000). El orden es sustituido por el cambio, lo que disocia a los individuos al desarticular a las instituciones generadoras de diversas formas de socialización (Estados, partidos, sindicatos, etc.). El resultado de la subsunción de la política en los mercados, lógicamente, produce procesos de despolitización y protección (familia, ONG's, etc.) que también se desarrollan a través de redes y son potenciadas por la informática y los medios de comunicación (Lipovetzky, 1992).

Los cambios sustanciales en la economía y en el mundo del trabajo iniciados en la década de los setenta en países del sur han producido una ruptura en las trayectorias productiva. Esta orientación productiva se basaba en la formación del mercado interno protegido y con políticas dirigidas a promover el desarrollo industrial, asentadas en empresas públicas y subsidiarias de empresas multinacionales. Este modelo incluía un modelo de producción y de relaciones laborales para garantizar la producción estandarizada, la automatización rígida y el predominio de la gran empresa de organización piramidal y jerárquica. Las políticas públicas de apoyo al sector privado —en consonancia con la estrategia predominante en Europa Occidental y EE.UU. (y también en la URSS)— se concentraba en concebir la modernización productiva como sucesivas inyecciones de tecnologías a través de regímenes de incentivos con fuerte control burocrático-estatal. En los países del Sur, el modelo de industrialización sustitutiva colapsó a mediados de la década del ochenta, por efecto de la segunda ola de mundialización de la economía, de apertura comercial y desrregulaciones de la economía y los mercados de trabajo. Ahora, en vez de considerar al gasto público como el motor del desarrollo, se pasó a considerar como núcleo dinámico a las exportaciones y la inversión privada. Estas nuevas prioridades —en un contexto de colapso de la vieja cultura industrial— aceleran la introducción de nuevas formas de organización de la producción: la flexibilidad tecnológica, organizativa y laboral. Se introducen nuevo paradigmas organizaciones para los nuevos productos y procesos para exigencias de calidad en mercados competitivos abiertos. En este contexto de lucha por los mercados, por un lado se acelera la crisis de las viejas PyMES, pero al mismo tiempo se valorizan las nuevas relaciones de cooperación entre ellas y las grandes empresas, se priorizan nuevas competencias y capacidades técnicas. Se constituye así, en la década del ochenta, una nueva cultura organizacional basada en la cooperación interempresarial. De allí la revalorización de experiencias europeas, por ejemplo, los distritos industriales italianos (Bagnasco, 1977).

El repentino interés en la década del ochenta sobre la cooperación interempresarial es el resultado de la percepción de que con el fin del fordismo se han agotado los tradicionales yacimientos de empleo; que el desarrollo capitalista en los países periféricos sólo puede producirse a través de estructuras productivas basadas en PyMES; que los cambios en la estructura de las empresas introducen la estructura organizacional en forma de estrella (con la empresa madre en el centro y empresas subsidiarias pequeñas y medianas en sistema de puntas); que los nuevos yacimientos de empleo y trabajo exigen la cooperación interempresarial y de localización territorial (parques industriales); en fin, que una época de trabajo ha finalizado y que empieza otra, en la que se combinarán diversas formas de trabajo y empleo.

Los distritos industriales, los clústers y los sistemas productivos locales configuran nuevas relaciones interempresariales —verticales (desde donde las PyMES se articulan con grandes empresas), y horizontales (entre PyMES para compras, ventas e información pública y privada sobre nuevas tecnologías duras y blandas y las demandas de diferentes mercados)— (Carrillo, 1997). Los distritos industriales se basan en encadenamientos de tipo horizontal (un mismo tipo de producción), vertical (distintas fases del proceso productivo) y diagonal (servicios prestados a las empresas). Las relaciones de cooperación interempresariales son diversificadas: se registran acuerdos verticales (empresas situadas en estadios diferentes del proceso productivo) que incluyen franquicias, concesiones comerciales y de distribución y relaciones de subcontratación, y acuerdos horizontales que involucran a empresas con similares estándares de producción (*joint ventures*, paquetes tecnológicos, contratos de co-fabricación, etc.)

La cooperación interempresarial, como hemos señalado, puede adoptar la forma de interconexión organizativa en un territorio, dando lugar a distritos industriales. Estos se articulan a través de industrias pequeñas y medianas de sectores interconectados por intercambios productivos (por ejemplo, en sectores de calzado, muebles, metalmecánica, etc.) y con fuertes relaciones con las esferas social, política y cultural de una región. Este tipo de intercambios se opera a través de redes empresariales entre PyMES o a través de sistemas de empresas estrella. El Estado juega un papel central al armonizar las diferentes situaciones empresariales, proveer de tecnologías y capacitación gerencial, etc. (Richardson, 1972). Se trata de experiencias que reformulan la relación empresa-mercado al introducir las componentes de cooperación y de asistencia estatal específica que potencian la interacción entre las empresas para acelerar las innovaciones tecnológicas. Según Richardson, la actividad económica en los distritos industriales incluya la organización, el mercado y la cooperación interempresarial.

La red de empresas en forma de estrella en un sector productivo estimula la externalización (*out-sourcing*), dando lugar a la constitución de la empresa red. Como hemos señalado los convenios contractuales entre la empresa principal y los proveedores especializados suelen ser estables y continuos, sometidos a la evaluación y calificación de procesos y productos. La interacción entre empresas en red incluye flujos de información tecnológica de la empresa principal a las proveedoras, pero subsisten las diferencias financieras y tecnológicas a favor de las contratistas, que pueden así sustituir a las segundas. Japón es el país con mayor extensión del sistema de empresas-red, pero este tipo de coordinación productiva se está generalizando en todos los países industrializados y semi-industrializados.

Los sectores aeronáuticos, automotor e informático marchan en la delantera en la difusión de empresas-red (Aoki, 1990).

La empresa en red es una forma institucional concreta dentro de un concepto amplio de red. En efecto, las actividades económicas en general se componen de mercados, organizaciones y redes. Estas tres formas de coordinación son distintas y complementarias. Los mercados son estructurados por instituciones, valores y normas económico-financieras y estatales. Las redes organizan a los actores económicos, desde el nivel primario del conocimiento hasta la cooperación, y como organizan a actores relativamente autónomos y con intereses propios, requieren ajustes continuos y adaptaciones mutuas. Las redes entretejen relaciones sociales que se expresan en relaciones de propiedad y de beneficios y remuneraciones entre sus miembros, por lo cual en el interior de las redes se desarrollan procesos de interacción personales y grupales entre ideologías, posiciones políticas y sistemas culturales, procesos éstos asociados a intereses económicos diferentes. Por eso, algunos autores dan mucha importancia a la relación contradictoria de confianza-desconfianza entre los participantes en las redes (Granovetter, 1985), dando lugar a relaciones con momentos de cooperación o momentos de confrontación (por ejemplo, entre la empresa y los trabajadores en distintos niveles). De allí la importancia que las políticas industriales incluyan componentes jurídicos normativos de las relaciones entre los individuos y grupos involucrados (por ejemplo, extendiendo la legislación protectora del trabajo al out-sourcing o a empresas subsidiarias).

Los procesos de innovación productiva y de consolidación de las redes requieren de instituciones que controlen las "incertidumbres" de los mercados. Esto sólo es posible a través de la presencia activa del Estado como institución reguladora de los mercados y como promotor de las relaciones entre las empresas y los centros estatales y priva dos de generación y difusión de tecnologías. El Estado asume así la función de institución puente entre las empresas, las tecnologías y los mercados en áreas como la competitividad, marketing, financiamiento, información, criterios de calidad, líneas de exportación, etc. La OCDE, por ejemplo, apoya las iniciativas públicas en sus países miembros para el desarrollo de "acciones puente", que incluyen el apoyo a asociaciones civiles, fideicomisos públicos, centros tecnológicos especializados y de investigaciones aplicadas, cámaras empresariales, etc. En la década de los noventa el núcleo duro de la OCDE se concentró en la Investigación y Desarrollo (I + D). De este modo, se cumple con el tercer requisito: crear ambientes institucionales a través de instituciones puente de fomento industrial y tecnológico para fortalecer las relaciones en red de empresas jurídicamente independientes.

Los procesos de reestructuración empresaria están originando cambios en los sindicatos, que necesitan adecuarse para poder representar a trabajadores ocupados en diferentes empresas organizadas en red, lo que implica que los sindicatos deben actuar simultáneamente sobre el plano nacional y sobre el plano internacional para colocarse como actor negociador válido frente a empresarios que cooperan dentro y fuera de las fronteras nacionales (Candia, 2000). Se están conformando nuevas estructuras sindicales cuyo ámbito de actuación son las redes empresarias (que en algunos casos agrupan actividades económicas que eran ocupadas por sindicatos de sectores productivos específicos), sindicatos que se organizan según distritos industriales o clústers, sindicatos que se organizan como comités de empresas nacionales dentro de las empresas multinacionales, sindicatos internacionales (por ejemplo, los Secretariados Profesionales Internacionales o SPI, vinculados a la CIOSL), que se fusionan para negociar con grandes corporaciones que a su vez representan intereses muy variados (por ejemplo, representar a cadenas productivas completas en el sector alimenticio) o directamente a grandes corporaciones que abarcan distintos sectores económicos (banca, ramas industriales y de servicios, etc.)

CONCLUSIONES

LA SOCIOLOGÍA DEL TRABAJO Y LA LUCHA ENTRE PARADIGMAS CIVILIZATORIOS

1. La sociología del trabajo como tributaria de los mercados de trabajo

La Sociología del Trabajo se desarrolla y enriquece constantemente, en tanto el trabajo sigue siendo central en la reproducción de las sociedades. Por eso, las formas de organización del trabajo y los mecanismos de regulación son esenciales para la articulación entre trabajo y sociedad. El trabajo es siempre cooperación entre actores, surgiendo entre ellos tensiones según la posición que ocupen en el régimen de propiedad y en la gestión de las empresas. El trabajo es abstracto en tanto determina un sistema de relaciones laborales dado. Pero es concreto en tanto incluye determinaciones, esto es, tipos de trabajo, escalas de remuneraciones y de distribución de prestigios, etc., determinaciones que abarcan tanto a los asalariados, trabajadores independientes o empresarios.

El estudio sobre el trabajo es ante todo un componente de las teorías económicas, pero en su desarrollo desemboca en una construcción científica: la Sociología del Trabajo. Su objeto agrupa una variedad de áreas, a saber: la sociología de las organizaciones, del empleo, de las remuneraciones, de las calificaciones, de la formación profesional, de la conflictividad laboral, de las relaciones profesionales y de participación en las empresas y de las instituciones que intervienen en las regulaciones de las relaciones sociales y técnicas en las empresas. La sociología de trabajo se ocupa también de dotar de información científica al derecho laboral, la rama del derecho especializada en la regulación normativa de los sistemas de relaciones laborales.

El gran escenario donde se localiza la sociología del trabajo es el mercado de trabajo. Este ha sido conformado por el capitalismo existe como categoría abstracta, y en su existencia concreta se presenta como variedad de mercados de trabajo dentro de la unidad nacional-estatal o en los marcos de las economías regionales y la economía mundial (Pries, 1992). Desde su conversión del capitalismo en modo de producción dominante a escala planetaria —durante la primera ola de mundialización capitalista a mediados del siglo XIX— el trabajo asalariado es la forma más avanzada de reproducción material de la humanidad. En el mundo existen regiones donde todavía hoy predominan la economía de subsistencia o el trabajo familiar rural o urbano, pero estas formas de trabajo se subordinan a la economía mundial capitalista. Esta ha acentuado la hegemonía planetaria del capital luego del desplome y desaparición a fines del siglo pasado del llamado sistema de "socialismo real" en la URSS y otros países de Europa central y oriental.

Las condiciones del trabajo y remuneraciones de los asalariados varían según los mercados de trabajo realmente existentes. Esto nos conduce al tema de la entrada, permanencia y salida de los trabajadores en los mercados de trabajo. El estudio del mercado del trabajo, históricamente, comienza por la teoría económica. Ciertos componentes son comunes a toda teoría del mercado del trabajo, a saber: los requisitos de capacitación, el acceso-reclutamiento, la ubicación y la movilidad horizontal en el sistema de puestos de trabajo y la remuneración, ascenso y movilidad vertical.

En la teoría neoclásica el mercado de trabajo estandariza la mano de obra asalariada, cuya oferta tiende al equilibrio con la demanda. El precio de la fuerza de trabajo —el salario— define la ocupación por los trabajadores de los puestos de trabajo. Sin embargo, la teoría neoclásica y ahora neoliberal reconoce que los mercados de trabajo son "imperfectos", por deficiencias de información y por "sobre-regulaciones". Tanto una como otra "deficiencia" deben ser corregidas, por ejemplo, a través de combatir los monopolios empresarios o los sindicatos, que tienden según la teoría neoclásica a definir ineficientemente salarios, oferta de empleos, entrada al mercado laboral regulada por los sindicatos, etc. La teoría neoclásica acentúa su crítica a los sindicatos que, al establecer monopolios sobre admisión y condiciones de trabajo buscan establecer salarios por encima de los equilibrios del mercado. El enfoque neoclásico sostiene que no es correcto asociar el desempleo con la lógica del mercado, sino con la limitación artificial del principio de oferta y demanda (Becker, 1983).

La teoría neoclásica sobre la lógica del mercado de trabajo comenzó a ser criticada desde la década del cincuenta. Así, Clark Kerr atacó con un enfoque institucionalista a la teoría desde la misma lógica de la empresa, sosteniendo que las empresas grandes no se someten a los mecanismos espontáneos del mercado de trabajo para reclutar el personal sino que lo hacen seleccionando personal capacitado en la misma empresa para ocupar otros puestos de trabajo. La gran empresa establece "reglas institucionales de reclutamiento", comienza por reclutar trabajadores desde afuera en los "puestos de entrada", de baja remuneración y calificaciones, pero luego asignan los puestos de trabajadores calificados en el proceso de trabajo y aprendizaje en la empresa (Kerr, 1954). Se distingue así entre mercados de trabajo internos y externos, o entre centro y periferia, o sector de monopolio y de competencia (Osterman, 1988).

Sin embargo, la teoría institucionalista tomó otro rumbo, buscando un equilibrio entre un institucionalismo de la microeconomía con un institucionalismo macroeconómico: así se concluyó que existe una segmentación "triple" de los mercados de trabajo: un segmento institucional o de empresa, un segmento profesional (determinado por las cualificaciones, que hoy se incluye bajo el concepto de empleabilidad) y un segmento compuesto por la masa genérica de personas agrupadas por edades, género, etc. Las instituciones de regulación de los mercados de trabajo deben regular estos tres tipos de mercados de trabajo combinando normas jurídico-laborales individuales y colectivas, sistemas públicos o mixtos de capacitación y políticas públicas de empleo (Sengenberger, 1988). La tesis que fundamenta esta idea es que los puestos de trabajo no conforman cantidades homogéneas que puedan ser modificadas por la competencia, sino cantidades intercambiables en un grado limitado por los contenidos y requisitos de los puestos de trabajo en la empresa y sectores. Así, personas con capacidades equivalentes no compiten entre sí en el mercado de trabajo, puesto que una puede no adecuarse y otra sí a las normas específicas de las empresas de reclutamiento, remuneraciones, etc. Además, las empresas pueden establecer barreras de entrada a los puestos de trabajo según criterios de edad, etnia o género, tipos de experiencias laborales de los solicitantes, etc. En síntesis, en las economías capitalistas concretas existen regímenes y normas institucionales que regulan la relación entre la oferta de mano de obra y los puestos de trabajo.

La teoría de los mercados de trabajo "liberalizados" ha abierto el camino para localizar culturas e instituciones que legitimen y regulen las segmentaciones. Entre ellas es cabe destacar las siguientes:

- La segregación por género del mercado de trabajo, que es una forma de existencia de la división del trabajo en la sociedad. En efecto la discriminación por género determina que los niveles de remuneraciones de las mujeres en las empresas sean inferiores a los hombres fenómeno que tiene su base cultural e institucional en la división en la sociedad entre trabajo reproductivo-privado (mujeres) y trabajo remunerado y socializado (hombres). Sin embargo, este hecho cultural nada tiene que ver con la evolución real de los procesos de trabajo (por ejemplo, en el siglo XIX el cargo de Secretario-administrador de las empresas era masculino y hoy es crecientemente femenino; hasta la segunda guerra mundial los puestos de trabajo en las industrias metalúrgicas, de armamentos, etc., eran también masculinos y el reclutamiento obligó a incorporar millones de mujeres a esos puestos de trabajo vacantes). Las ocupaciones cambian su tipificación de género, pero la segregación sigue vigente porque los empresarios logran aliados entre los propios trabajadores masculinos, para utilizar las pautas de la división social del trabajo por sexos y transformarla en herramienta para establecer salarios inferiores para las mujeres, bloquear el acceso a los puestos de dirección, precarizar el trabajo femenino, etc. (Rodgers y Rodgers, 1989).

Los mercados de trabajo se segmentan según la relación entre localización geográfica y vida social-familiar de los trabajadores. Así, a la mayoría de los oferentes de mano de obra les resulta difícil trasladarse de residencia si tienen hijos en la escuela local, una esposa con trabajo precario pero local, etc. El trabajador puede despreciar la diferencia salarial entre su trabajo actual y la eventual remuneración en una empresa fuera de su lugar de residencia. Así, los mercados de trabajo se estructuran según áreas geográficas limitadas por las necesidades de los trabajadores de preservar la armonía entre el trabajo y la vida social-familiar. Este límite ha sido horadado por la informática (por ejemplo, el teletrabajo), pero está lejos de ser suprimido (Rifkin y Hartmann, 1986).

Los mercados de trabajo se segmentan por la incidencia de las redes sociales. Por ejemplo, los trabajadores obtienen en su mayoría sus informaciones a través de redes sociales de confianza y entran a las empresas por recomendaciones. La fuerza de trabajo es una mercancía, pero diferente al resto de las mercancías, porque las personas se orientan dentro de redes sociales.

Los mercados de trabajo son instituciones atravesadas por normas que regulan la capacitación, el reclutamiento, la asignación de funciones, los ascensos y la remuneración. Esas normas son establecidas por el Estado y las negociaciones colectivas, y controladas en su aplicación por los sindicatos. El impacto sobre las instituciones jurídico-laborales sobre el empleo determina también a los mercados de trabajo y las trayectorias laborales (Boyer, 1986). En realidad, una combinación de instituciones es la que determina con reglas explícitas los cursos de vida y de trabajo en las sociedades, a saber: la empresa, el mercado, la profesión, la organización y el clan. Así, para un trabajador que perteneció la mayor parte de su vida laboral a una empresa, es ésta quien ha fijado su trayectoria laboral; si en cambio ha trabajado según relaciones contractuales diferentes pero en una ocupación constante, es la profesión quien establece la trayectoria laboral; si en cambio el trabajador muestra alta inestabilidad en las actividades ocupacionales y empresas es el mercado quien fija la trayectoria laboral; y por último, si la forma de lograr empleos son las relaciones familiares y amigos, es el clan quien fija la trayectoria laboral (Pries, 1992).

Es cierto que la informática facilita la "unificación" de los mercados de trabajo, pero lo hace en tanto extiende las redes de información, articula la relación en redes de las empresas y centraliza las nuevas formas de trabajo a domicilio (teletrabajo, etc.). Pero la informática no puede sustituir la concurrencia y superposición de las situaciones sociolaborales e institucionales que determinan las trayectorias laborales. Al mismo tiempo, los mercados de trabajo se segmentan de acuerdo al tipo de economía: no son lo mismo las economías altamente industrializadas, en la que la planificación estratégica de los puestos de trabajo en las empresas y en la economía nacional es fuerte, que las economías de países del Sur en los que el mercado de trabajo formal coexiste con mercados de trabajo informales que generan la mayoría de los puestos de trabajo precarios.

2. La sociología del trabajo y la economía: una relación concurrente

El trabajo y la producción son objeto de estudio de la economía, la sociología, la historia y la antropología. Entre la economía y la sociología ese vínculo es interno, en tanto se ha constituido como consecuencia de la edificación del "mundo burgués", esto es, las formas de existencia y reproducción del trabajo en el capitalismo. La economía precede históricamente a la sociología en el estudio del trabajo, la primera se desarrolla con la revolución industrial, la segunda a partir de la complejidad de los mercados de trabajo, la producción estandarizada y la relación de cooperación y lucha entre empresarios y trabajadores. Desde principios del siglo XX la economía y la sociología (bajo la forma de sociología del trabajo y de las organizaciones) interactúan en el estudio de la economía y las empresas (Villavicencio, 2000).

La economía se concentra en el estudio de las estructuras económico-financieras de los mercados y las empresas en formaciones económico-sociales, la sociología del traba jo se especializa en las relaciones institucionales que regulan los mercados de trabajo y en los comportamientos laborales y socio-políticos de los actores sociales involucrados en la forma específica del modo de producción capitalista y en las formaciones económico-sociales. Como es sabido, en las formaciones económico-sociales las relaciones capitalistas de producción se imbrican con relaciones de producción precapitalistas, fenómeno que también ha sido común al llamado "socialismo real" implantado durante el siglo pasado en países predominantemente agrarios y con economías campesinas familiares, salvo raras excepciones.

La economía y la sociología son disciplinas que convergen hoy sobre un campo común: la organización del trabajo, los sistemas productivos, los procesos de innovaciones tecnológicas aplicadas y los sistemas de calificaciones. El punto de convergencia es la medición de la productividad que pasa por los estándares para remunerar el trabajo (costos de los factores) y el funcionamiento de los mercados internos de trabajo (organizaciones del trabajo en ramas, empresas, etc.).

La sociología del trabajo puede aportar conocimientos específicos sobre el impacto en la productividad de instituciones externas a la empresa pero que pueden potenciar o despotenciar la productividad, como son la vida familiar, las redes étnicas, los valores de género, etc. Estas instituciones se acoplan a la distribución de los puestos de trabajo, tareas y responsabilidades y determinan la performance de los trabajadores. Así, se establecen límites a la teoría del cálculo y el modelo racional propio de la economía, pudiéndose demostrar que las acciones económicas están también determinadas por dimensiones intelectuales y afectivas organizadas en los mundos simbólicos de colectivos de trabajadores. Esos mundos simbólicos pueden determinar los hábitos de consumo de los trabajadores, o que insatisfechos den lugar a reclamos salariales directos e

212

indirectos. En otras palabras, la economía estudia la dimensión económica en las sociedades, mientras que la sociología del trabajo estudia el comportamiento social de las relaciones económicas. Dado que entre economía y sociología del trabajo la relación se establece como convergencia de disciplinas, estas pueden converger o divergir en sus enfoques sobre a productividad, especialmente si la economía subvalora el rol de la cohesión voluntaria de los colectivos de trabajadores en los procesos de trabajo, o si la sociología del trabajo se refugia en el estudio de la dimensión sociocultural de los procesos de trabajo a costa de las demandas de racionalidad económica de los procesos de trabajo. El hecho de que la economía priorice el método deducivo y la sociología del trabajo el método inductivo tiene suma importancia, dado que los resultados de los estudios pueden complementarse, dando lugar a una unidad conceptual y operativa o, a la inversa, fundar áreas de conocimiento autónomas.

Algunos autores han intentado resolver la cuestión teórica de la relación entre economía y sociología del trabajo a través de la categoría "sociología de las relaciones económicas". La sociología económica tendría como actor social a individuos, grupos o instituciones involucradas en los procesos de trabajo, como esfera de acción considerar al sistema económico como parte de la sociedad, a los tipos de acción a las formas de acción económica racionales y simbólicas con sus lógicas de tensiones y conflictos entre empresarios y trabajadores y priorizando la descripción analítica como el método propio de esta disciplina (Swedberg, 1996). La teoría de Swedberg es el resultado de un gran esfuerzo de este autor por localizar históricamente (desde Marx a Weber) los encuentros y desencuentros entre economía y sociología. Esos encuentros y desencuentros se articulan sobre los enfoques prioritarios de ambas disciplinas, pero también por momentos en los que han predominado actitudes favorables o desfavorables a la acción interdisciplinaria entre los especialistas. Estos momentos de encuentro o desencuentro son muy nítidos si el período económico-político requiere la colaboración entre clases sociales (por ejemplo, durante el Welfare State hay acercamientos entre las disciplinas) o momentos de separación entre las clases sociales (por ejemplo, en la época actual de predominio de la teoría neoliberal de la oferta sobre el keynesianismo, en el que se exige a la sociología del trabajo servir como auxiliar para el disciplinamiento de la fuerza de trabajo frente a los procesos de precarización laboral). También debe considerarse como un componente de escisión entre las disciplinas al hecho de que la formación de los especialistas no es inclusiva o interdisciplinaria: así los economistas saben poco o nada de sociología y viceversa.

3. Sociología del trabajo, toyotismo y nueva economía

Durante las décadas de los cincuenta y los sesenta la sociología del trabajo se concentró —en función del paradigma desarrollista— en cómo los procesos de industrialización modificaban las pautas de la vida urbana, familiar, educativa, etc. El interés por la acción político-social se centró en el estudio de los sindicatos y sus relaciones con los partidos políticos afines a los movimientos de trabajadores en escala nacional. La fábrica, esto es, el espacio de trabajo, no fue el centro de interés. La sociología del trabajo fue, en esos años, fuertemente condicionada por las políticas desarrollistas por un lado, y en un contexto de asimilación mecánica de las líneas de fuerza del fordismo y el taylorismo (Novick, 2000).

Recién en los años setenta el enfoque político en la sociología del trabajo comienza a cambiar: la crítica de corrientes sindicales e intelectuales de izquierda en Europa y

EE.UU. al determinismo tecnológico y a la alienación de los asalariados en la cadena de trabajo se desarrolla a partir de los sucesos del Mayo francés en 1968, dando lugar a la preeminencia del estudio a las formas sociales de organización del trabajo. Este viraje coincide con el pasaje del fordismo (la productividad se desarrolla en la cinta de montaje) al toyotismo, que se basa en asociar la productividad con la flexibilidad de las tareas y el disciplinamiento de las fuerzas del trabajo alrededor del a empresa como "comunidad del trabajo".

El taylorismo significa un gran salto en productividad a través de la subdivisión del trabajo en operaciones simples, el cronómetro controla los ritmos y movimientos y mide así la productividad. Sobre esta base técnica se organiza el fordismo como producción en masa, como expansión del mercado interno, y empalma así con el keynesianismo. El taylorismo subsume la organización del trabajo en la supervisión, el control y en la división entre la concepción y la ejecución de operaciones. La división del trabajo adopta la forma técnica de conjunto de operaciones elementales. El salario, regulado institucionalmente por convenciones colectivas del trabajo, remunera la productividad del trabajo. La empresa fordista es el escenario básico del régimen de acumulación capitalista. La red de empresas fordistas, organizada sobre la sociedad salarial y los pactos corporativos, configura el sistema económico.

El fordismo ocupa un lugar corto en la historia de la economía y la empresa en América Latina. Ante todo, porque afectó sólo a una parte del aparato productivo (empresas públicas, empresas multinacionales y grandes empresas locales), quedando afuera el amplio mundo de las PyMES. Pero, y esto es lo esencial desde el ángulo del régimen de producción, porque la defunción del fordismo es provocada por el llamado "modelo japonés". Ahora las empresas industriales y de servicios más grandes y vinculadas a los modelos internacionales (o beneficiarias de privatizaciones en el sector público) son las que comienzan a implementar el just-in-time en procesos de trabajo y stocks, el trabajo en grupos y círculos de calidad, la polivalencia funcional, la sustitución del control sobre los procesos por tareas técnicas de gestión de la cooperación laboral en la empresa. Se trata de experiencias organizacionales puntuales en grandes empresas. En algunos casos son procesos de polivalencia funcional multicalificada, en otros responden sencillamente a la llamada polivalencia multiárea de rotación de tareas. Pero esos procesos locales forman parte del nacimiento a escala mundial de nuevos sistemas de producción en los que la competitividad ya no depende sólo de los costos de los factores (capital y trabajo) sino de las relaciones laborales que se establecen dentro de las empresas y de éstas con los contratistas, las demandas específicas de los mercados, etc. El cambio en el paradigma productivo incluye varios procesos simultáneos, a saber: un proceso tecnológico en el que el sistema de máquinas herramientas es sustituido por "centros de fabricación" y "fábricas flexibles", organizados en sistemas integrados viables por la aplicación de la informática; y un proceso en las relaciones técnicas del trabajo en que la productividad depende ahora de consensos laborales para hacer funcionar los centros de fabricación (flexibilidad y polivalencia funcional, equipos y círculos de calidad, sistemas de remuneraciones por iniciativas e innovaciones, etc.). El toyotismo integra al fordismo y al mismo tiempo se integra en la nueva economía y la reconfiguración conflictiva de la economía real. La Sociología del Trabajo se ha instalado fuertemente como disciplina de explicación y organización de las nuevas formas de trabajar que están siendo configuradas por la autorrevolución del capital.

La productividad ya no es controlada por el cronómetro, sino por los resultados sistémicos de las empresas. Como es lógico, dado que se trata de un proceso de "autorrevolución" en la lógica del capital, se combinan, como hemos señalado, el enriquecimiento real de tareas con normas destinadas a aumentar la explotación de la fuerza de trabajo (aumento de la jornada, eliminación de tiempos de descanso, precarización de los empleos, etc.). Los cambios producidos por el "método japonés" no han incluido mejoras en la remuneración y calidad del trabajo entre las mujeres. El trabajo femenino en la empresa transformada sigue siendo de escaso contenido técnico y se localiza en los escalones inferiores de la estructura laboral y en las empresas subcontratistas (Santiago y Planell Larrinaga, 1996). En el sector masculino, al tiempo que se va conformando en las empresas transformadas un núcleo duro multicalificado, subsisten los segmentos donde la polivalencia funcional es sinónimo de operaciones laborales sencillas en un flujo e integración permanente entre procesos productivos y de mantenimiento, etc.

4. Los desafíos al sindicalismo y la contribución de la Sociología del Trabajo

Las condiciones culturales, políticas, técnicas y económicas en las que las organizaciones sindicales nacieron han cambiado. Por eso se desarrolla un proceso de cambios en los sindicatos, proceso en zigzag, a través del cual las ideas nuevas luchan contra las ideas viejas, proceso que debe tener en cuenta la preservación de traiciones y conquistas que constituyen los pisos civilizatorios alcanzados por el movimiento sindical durante el siglo XX. Este proceso se desarrolla principalmente dentro de la CIOSL. Esta, de orientación socialdemócrata, agrupa a la mayoría de las centrales sindicales nacionales y tiene vínculos políticos y orgánicos comentados con los llamados Secretariados Profesionales Internacionales (SPI), que representan a los trabajadores por sindicatos de rama de actividad, algunos de los cuales están en proceso de fusiones y de creación de mega SPI. (CIOSL, 2001) Como hemos comentado, también el proceso de cambios se desarrolla en la Federación Sindical Mundial (FSM), ex comunista, y la Confederación Mundial del Trabajo (CMT), de orientación socialcristiana, ambas minoritarias y, por último, entre sindicatos autónomos.

En 1998, según la Organización Internacional del Trabajo (OIT), la población económicamente activa (PEA) mundial era de 2,4 miles de millones de personas, de los cuales el 40% están desempleados o trabajando precariamente. Aproximadamente 200 millones de jóvenes menores de 14 años trabajan, muchas veces en condiciones "intolerables" (prostitución, tráfico de drogas, miembros de unidades militares irregulares en países del Sur, etc.). La falta de regímenes de pensiones de cobertura universal obligan a trabajar a cientos de millones de ancianos. Cientos de millones de niños no concurren regularmente a las escuelas. Tres mil millones de personas viven con dos dólares diarios. (OIT, 1999)

La situación de desempleo, precariedad e informalidad en las sociedades predomina en los países del Sur, pero también corta transversalmente a las sociedades de los países industrializados. A su vez afecta con mayor virulencia a sectores más vulnerable como mujeres, jóvenes y grandes grupos étnicos. La principal herramienta con que cuentan los pueblos para enfrentar el desempleo, la precariedad y la discriminación son los sindicatos. Pero, incluyendo a la Federación de Sindicatos de China, los trabajadores sindicalizados sólo ascienden a 300 millones, que representan al 15% de la población económicamente activa. El 85% de los trabajadores/as del mundo, el iceberg y el motor de las masas excluidas, no están organizados. A su vez, casi la mitad de los trabajadores sindicalizados están en los países del Norte. La afiliación a la CIOSL para el 2000 es la siguiente (CIOSL, 2001):

Países	n° de países	Organizaciones sindicalizadas	total en n°	%
Desarrollados (OCDE)	24	31	65.222.375	52,3
Periféricos	121	184	59.376.909	47,7%
Total	145	215	124.599.284	100%

Como se observa, la insuficiente tasa de sindicalización agudiza la debilidad política de los sindicatos. Es cierto que los sindicatos son organizaciones capaces de rodearse del apoyo de los trabajadores sindicalizados, más aún cuando estos están protegidos por contratos colectivos administrados por los sindicatos. Pero la baja tasa de sindicalización es, objetivamente, un factor de debilidad. Esta se agrava por la dispersión de las estructuras sindicales, dado que, especialmente en los países del Sur, por la desarticulación de las estructuras productivas, las tradiciones corporativas sindicales, las trabas legales para la formación de sindicatos por rama, predomina el sindicato de empresa.

La debilidad de los sindicatos refuerza a la ofensiva neoliberal antisindical. Luego de la caída del sistema de socialismo real, y en pleno desarrollo de la desarticulación del Estado social o Estado de Bienestar en Occidente, el neoliberalismo ha decretado el fin de la historia, la victoria del mercado y la supremacía del liberalismo político bajo la forma de "gobierno de los partidos" del sistema. La ofensiva antisindical forma parte de una ofensiva general a favor de la vuelta al capitalismo manchesteriano y la reducción del Estado a la condición de gendarme del orden público.

La ofensiva neoliberal se expresa en el mundo del trabajo como retorno a la vieja ideología del trabajo como mercancía. Esta ideología promueve en las legislaciones laborales la contratación por tiempo determinado y la ampliación de las causales de despido. El Estado debe "proteger" a los mercados y no a los trabajadores. La meta es la construcción de una "sociedad de mercado", cuyo valor supremo es la "soberanía del consumidor". La competencia reemplaza a la solidaridad y fomenta el darwinismo social.

El neoliberalismo se propone que los aspectos progresivos y revolucionarios de esta nueva ola de mundialización, se subordinen a la construcción de un sistema-mundo en el que predominarán inevitablemente los desequilibrios económicos, las tensiones políticas y los conflictos militares entre estados, regiones y civilizaciones. Como ocurrió con la primera ola de mundialización iniciada en Gran Bretaña a mediados del siglo XIX, que terminó con los siniestros y violentos fenómenos de la Primera Guerra Mundial y la estructuración del sistema de corta duración colonial y semicolonial. En este nuevo contexto de predominio de la "revolución conservadora, los empresarios retroceden a su mundo manchesteriano y creen que la propiedad sobre los activos físicos de las empresas les otorgan el poder absoluto sobre los trabajadores. El desafío para la Sociología del Trabajo es aportar a la organización teórica de una nueva concepción del "trabajo productivo" que restablezca en un plano superior los derechos de los trabajadores logrados en el siglo XX, ahora redefinidos frente al impacto de la autorrevolución del capital en las empresas y en la economía, como se desarrolla en los capítulos I y II de esta obra.

5. Sociología del Trabajo: presente y futuro

En el mundo en que vivimos, la línea de fuerza de la revolución conservadora ya es tempranamente cuestionada por contratendencias políticas y culturales que aspiran a reedificar los pisos civilizatorios sociales y laborales instalados en el siglo XX por los socialismos, otras corrientes progresistas y por los espacios de autodeterminación logrados por pueblos y naciones. La confrontación entre, por un lado, las fuerzas económicas y políticas representadas por el capital financiero concentrado y por otro las fuerzas políticas y sociales que representan la continuidad del progreso humano y la democracia económica, social y política constituiría el núcleo de la disputa histórica del siglo XXI: será (como definió Huntington al siglo XX), una nueva "guerra civil", subterránea por momentos y en la superficie en otros, en fin como han sido siempre las confrontaciones sociales y políticas.

Como hemos comentado, esta etapa histórica mundial se caracteriza por una diversidad de fenómenos, a saber, la expansión del libre comercio, el debilitamiento del Estado-nación, la instalación de nuevos valores que definen el carácter de la guerra (como las guerras "humanitarias"), la aceptación del crecimiento sin empleo por efecto de la combinación de nuevas tecnologías a las empresas y contracción de la demanda efectiva, el poder gigantesco de 200 empresas multinacionales sobre la economía mundial, la competencia desenfrenada y el éxito individual como medios de medir el acceso a la riqueza y el bienestar como reemplazantes de la antigua austeridad de la cultura del trabajo y del valor del empleo estable de por vida, etc. Dado que esos fenómenos requieren ser conceptualizados, se los incluye en las categorías de globalización y sociedad postindustrial informatizada o postmodernidad. Se refieren a: a) la visión del sistema mundo, b) la visión de los cambios en las empresas y en la estructura del trabajo, o c) el análisis de la implosión y cambios en instituciones sociales y culturales tradicionales, como partidos, sindicatos, universidades, etc., y por último d) la emergencia de nuevas instituciones convocantes de nuevos movimientos como feminismo, ecologismo, "tribus", grupos juveniles interétnicos, festivales musicales, junto con las instituciones opuestas a la globalización capitalista que hemos analizado en este texto.

Debe ser considerada como positiva esa variedad de or

ganizaciones, sociales, políticas y culturales críticas de los efectos componentes reaccionarios de la "autorrevolución del capital" y la globalización, sencillamente porque se trata de una riquísima coexistencia de fenómenos que al tiempo que acelera la "mundialización del mundo" replantean el sentido de las instituciones sociales básicas (mercado, trabajo, sociedad civil, estado, sistema-mundo, etc.).

Es dentro del cambio en el mundo actual que se dota de nueva legitimidad cultural al ancestral esfuerzo del hombre por construir su subjetividad como individualidad positiva, y como rebelión (especialmente en los jóvenes) frente al autoritarismo de la "sociedad-fábrica" con que el capitalismo ha diseñado a la familia, a la escuela, a la participación en la política, etc. La revolución en las tecnologías de la información hace que *el mundo en que vivimos sea por eso el "mundo de las posibilidades infinitas"*: todas ellas están al alcance de la mano en Internet, en sus páginas web y en los billones de *links* a través de los cuales se accede a las discriminaciones en que se puede fraccionar una realidad mundial que cambia a ritmos veloces. *Esta es una época a la que difícilmente se puede dotar de racionalidad a través de las teorías filosóficas y políticas que hemos conocido en el pasado:* porque *la variedad de determinaciones políticas, económicas, técnicas y culturales, es tal que exige nuevas generalizaciones teóricas.* Por eso la primera condición para intentar comprender al mundo en que vivimos requiere una crítica epistemológica a las fórmulas filosóficas y políticas de la izquierda que dieron sentido a la historia hasta 1989, y aceptar que es necesaria una "revolución copernicana" en las formas de pensar, reconociendo que la historia continúa ahora a través de nuevas realidades, y que cada una de ellas requiere un análisis particular y una respuesta original.

Al observar el mundo en que vivimos —que, bajo la hegemonía temporal de EE.UU., no es otro, sucintamente, que el del triunfo del capital a través de una autorrevolución que resuelve a su favor a fines del siglo XX la larga "guerra civil" planteada por Huntington— observamos que la hegemonía político-cultural del capital se está construyendo sobre la base de una fantástica operación de supresión de los valores de igualdad social y afirmación nacional-cultural que movilizaron a los hombres durante el siglo que termina. Esos valores o imaginarios colectivos progresistas son sustituidos por la construcción de un imaginario colectivo de nuevos deseos y expectativas individualistas que la mayoría de los hombres sólo vivirán como ilusiones inalcanzables, o que no llegarán a conocer nunca. Porque la autorrevolución del capital establece nuevas cadenas de exclusión social masiva y de escisión entre países y naciones en los marcos de la globalización. Digámoslo de otro modo: en cada segmento de la realidad se objetivan los nuevos deseos organizados por la estandarización cultural neocapitalista, esto es, los deseos que encapsulan la vida en: a) las abismales capacidades diferenciadas de consumo; b) el sustento de una nueva sociabilidad que banaliza las relaciones humanas a través de productos culturales que sólo cubren las formas más primarias de sociabilidad (como son los enlatados cinematográficos, la movilización de las pasiones a través de los decibeles de músicas insustanciales, etc.); y c) el ejercicio de la violencia para establecer las diferencias raciales o étnicas (los "conflictos de civilizaciones") o directamente la violencia individual u organizada (inherente a la sociedad del *far west* de EE.UU.). Es cierto que estos nuevos deseos son poderosos, porque en su forma neutral y abstracta (o sea, como deseos vitales) movilizan a los hombres. Pero la cuestión es que la cultura del "neodarwinismo" social, como idea-fuerza que las organiza, no es otra cosa que el retorno de lo que G. Lukács denominó "el asalto a la razón" (dando así explicación filosófica a la irrupción en este siglo del nazismo y el fascismo), es decir, al irracionalismo como fundamento cultural.

La Sociología del Trabajo se funda para conocer y cambiar al capitalismo. Ahora, la crítica a la "revolución del capital" debe incluir, por lo tanto, la recreación de la razón frente al irracionalismo del capital. En cada segmento de la realidad socio-política los "nuevos deseos" creados por la revolución del capital entran en conflicto tanto con los pisos civilizatorios que la misma burguesía revolucionaria primero, el socialismo después y la difusión de derechos civiles, políticos y sociales por último, han caracterizado al proceso de emancipación de la humanidad en estos últimos dos siglos. La humanización del trabajo seguirá siendo la meta histórica de la sociología del trabajo.

6. Reflexiones finales para renovar la relación entre Política y Sociología del Trabajo

La política, para relacionarse fructíferamente con las disciplinas que agrupa la Sociología del Trabajo, requiere de una definición fundacional que reconozca que el tejido organizativo de los partidos políticos, debe ser diseñado de modo de estar capacitado para ser receptor permanente de las tendencias sociolaborales y culturales que genera el mundo del trabajo. Esta fue la concepción del partido de Antonio Gramsci, como "intelectual colectivo", es decir como conjunto de voluntades políticas singulares capaces de procesar las tensiones y líneas de fuerza político-culturales de progreso con base en el mundo del trabajo. En Gramsci el concepto de "vanguardia política" es el Partido como "intelectual colectivo", compuesto por un cuerpo de dirigentes y militantes capacitados teóricamente para "releer" las ideas y propuestas transformadoras que los trabajadores elaboran espontáneamente a través de las experiencias realizadas en el trabajo, en la vida familiar, en las asociaciones de acción cooperativa y en la vida política. Para Gramsci la relectura política de las ideas surgidas en el movimiento obrero a partir de las experiencias colectivas, sólo sería fructífera si daba lugar a propuestas para transformar las instituciones dentro de las cuales se desarrollaban las prácticas sociolaborales de los trabajadores, esto es, de las empresas, los sindicatos, las instituciones estatales de diferentes niveles (distritales, provinciales, nacionales), las Iglesias y diversas asociaciones de ayuda mutua, barriales, deportivas, etc.

La clase trabajadora —hasta la Segunda Guerra Mundial mayoritariamente masculina y durante y luego de aquella, crecientemente femenina— conforma el carácter individual (que se extiende a la psicología familiar) en una institución especial: la empresa (o, como se decía a principios de siglo, en plena era del maquinismo: la fábrica). La empresa es quien dota al trabajo asalariado de sus determinaciones específicas (de acuerdo a la división técnica del trabajo) y dentro de esas determinaciones son prioritarias las experiencias de los trabajadores sobre el valor de la fuerza de trabajo (salarios), sobre las condiciones del trabajo (ergonómicas, de salud y seguridad, etc.) y sobre las relaciones técnicas de producción que fijan las responsabilidades de los operarios, los jefes de sección, los gerentes de departamentos, etc. A partir de sus experiencias colectivas los trabajadores se perciben a sí mismos como integrantes de una institución que es vital para generar bienes y servicios a la sociedad, al tiempo que pueden vivir esa experiencia como alienante (por las rutinas del proceso de trabajo y por la exclusión de los trabajadores de las decisiones sobre la organización del trabajo y metas productivas de la empresa).

Cualquiera sea la situación de explotación y alienación, el trabajo asalariado se configura en la empresa, y por lo tanto la "conciencia obrera" siempre incluye la vivencia y la comprensión intelectual de que se debe trabajar "mejor" (con aceptables estándares laborales) para hacer a la empresa más eficiente, más rentable y competitiva. Este componente de la "conciencia obrera" es el puente que puede vincular a los trabajadores con el personal de dirección de la empresa, porque se genera objetivamente un punto de interrelación de intereses entre las diferentes categorías de personal existentes en todas las empresas. Por eso en Gramsci el control de los trabajadores sobre los tiempos de trabajo debe ser subsumido dentro de una concepción más amplia de "apropiación" de los objetivos de la empresa. En otros términos, los trabajadores sólo pueden legitimar sus demandas sociolaborales si éstas coinciden con el mejoramiento productivo de las empresas. Esta condición estuvo presente desde los orígenes del movimiento obrero, y ahora, en los inicios del 2000, se acentúa frente a las transformaciones productivas generadas por la aplicación de los productos de la tercera revolución tecnológica a los procesos productivos, proceso en el cual la iniciativa está en el establishment empresario del G-7, en los marcos del impulso político de la "revolución conservadora".

Como hemos analizado en los tres capítulos anteriores, la "autorrevolución del capital" y la nueva ola de mundialización de la economía constituyen la sustancia de un cambio de época. Pero el cambio de época incluye un cambio en las sociedades y en el trabajo, que ahora son diseñadas por la revolución conservadora como "sociedad de mercado", desarticulándose la forma de trabajar del fordismo, al tiempo que se congelan las formas de trabajar de baja productividad de las sociedades articuladas en formaciones económicas basadas en economías agro-mineras. En el contexto de hegemonía de la autorrevolución del capital, se fortalece la modalidad de hacer política propia al mundo de los grandes empresarios, esto es, como control por los intereses privados de los centros de decisiones del Estado a través de los complejos militar-industriales, los *think-tanks* académicos, los *lobbies* ubicados en las instituciones estatales, etc. Se cumple así con la idea schumpeteriana de que el gobierno democrático es patrimonio de los "especialistas", que son los políticos. Como resultado de esta mutación en la política, los partidos reformistas de masas se diluyen al desagregarse los sujetos sociales que eran sus soportes (clase obrera, capas medias urbanas, campesinado). Esto bloquea la acción estatal de esos partidos reformistas (socialistas, católicos populares, liberal-socialistas, comunistas, nacionalistas populares, etc.). En la medida en que esos partidos (y también los sindicatos) pierden su capacidad de dotar de centralidad a las prácticas sociopolíticas de los sectores populares, se potencian nuevas formas difusas de centralidad a través de instituciones no partidistas que han sido denominadas Organizaciones No Gubernamentales (ONG's). Las ONG's se estructuran alrededor de expectativas sociales y culturales de diverso signo, y por eso aglutinan a ciudadanas y ciudadanos procedentes de distintas filiaciones políticas, religiosas, étnicas, de género, etc.

El signo común de las ONG's es que son organizaciones con fines no partidistas, lo cual amplía su capacidad de convocatoria. Son instituciones que florecen en una época de crisis de los partidos de masas y de desorganización de los valores aglutinantes de modelos económicos sociales fuertemente asociados al intervencionismo del Estado. La vitalidad de las ONG's reside justamente en la vacancia generada por el retiro de la política de la vida pública. Por eso, en el interior de las ONG's conviven tendencias a refundar la política como bien común, como "gobierno del pueblo" con tendencias reaccionarias que aspiren a separar con consenso social al pueblo de los políticos, consolidando así la visión neoliberal de la política como patrimonio de las elites político-económicas y militares. Esta perspectiva reaccionaria es alentada no sólo desde los gobiernos conservadores, sino también desde el sistema de Naciones Unidas, lo que se explica por la direccionalidad política y cultural "pro mercado" de centenares de programas de asistencia técnica y financiera del FMI, el BID, etc., a ONG's, especialmente en los países del Sur.

Ahora bien, la política progresista no podrá reconstruirse sólo a partir de un mejoramiento de la calidad institucional de las democracias, aunque este requerimiento es fundamental para librar con éxito la batalla cultural contra la "revolución conservadora". Es cierto que la defensa de la democracia política representativa se defiende profundizándola (participación, descentralización, reconocimiento político de las diversidades regionales, etc.), pero la democracia política sólo se consolida si arraiga firmemente en sistemas económico-sociales que garanticen el crecimiento económico sostenido de la demanda efectiva, lo que desemboca inevitablemente en la lucha simultánea por la democracia política y social, tal como lo plantea Gorz. Entonces, si esto es cierto, la Sociología del Trabajo debe entrar en escena para aportar a la política progresista inyectándola de los requisitos sociolaborales que son fundamentales para crear una "sociedad de trabajo". Caso contrario, la política progresista carece de raíces socio-políticas y deambula patéticamente como arte sin sustancia, como "política de salones", como política que sólo se puede ejercitar como acción parlamentaria, que es lo que requiere justamente la política neoliberal para poder cooptar a segmentos enteros de la *intelligentsia* progresista ofreciéndoles como panacea constituir "partidos de opinión" acoplados a los medios de comunicación controlados por los grandes grupos económicos.

El mundo del trabajo se compone de diversas categorías profesionales de trabajadores urbanos y rurales y de diferentes capas empresarias. Una amplia mayoría del mundo del trabajo es afectada negativamente por el curso neoliberal de la autorrevolución del capital, y por lo tanto es potencialmente incorporable a la política, siempre y cuando los partidos políticos hagan suya la perspectiva de la sociedad del trabajo. Esta necesidad histórica de integrar política y mundo del trabajo no será posible sin el concurso de la Sociología del Trabajo. Esta deberá estar presente como generadora de ideas y propuestas laborales y sindicales en el corazón del sistema de decisiones de los partidos y derramarse a través de las estructuras intermedias y de base de los partidos políticos, al tiempo que esas propuestas o ideas facilitarán una relación fructífera entre partidos, sindicatos y nuevos movimientos sociales (que hoy son definidos dentro de la categoría políticamente neutra de ONG's). Por último, una nueva relación entre política y sociología del trabajo no puede ser ocasional sino permanente, y esto implica el establecimiento de relaciones institucionales precisas entre partidos y centros de investigación especializados en el estudio del trabajo, objetivo que sólo será posible si los partidos entienden la política como una práctica socio-política que está presente en todos los escenarios y prácticas de la vida humana. Es decir, la política, para transformar al mundo, requiere ser, como escribió Gramsci, una "filosofía política". Como parte de esta búsqueda de lo político como filosofía, se fundó hace medio siglo la Sociología del Trabajo, y esa búsqueda es tan actual como lo fue en el pasado.

APÉNDICE

LA SOCIOLOGÍA DEL TRABAJO
EN AMÉRICA LATINA

Es posible dividir en tres períodos la evolución de la sociología del trabajo en América Latina. El primero de esos períodos comienza a mediados de la década del cincuenta y el eje temático es la modernización. Se entiende ésta como el paso de la sociedad tradicional (agrario-latifundista) a la sociedad industrial urbana. Este período fundacional de la sociología del trabajo en la región se emparienta con el auge de la teoría del determinismo de las fuerzas productivas dominantes en los países avanzados. El segundo período corresponde a fines de los setenta y principios de los ochenta, cuando la teoría da cuenta de la yuxtaposición de dos fenómenos: por un lado, que el proceso de modernización capitalista, al ser dependiente, no permite un desarrollo económico integrado; por otro lado, el auge de las dictaduras militares, uno de cuyos objetivos es detener el impulso del movimiento obrero y fuerzas políticas nacional-populares. En este período la sociología del trabajo se concentra en el estudio de la fragmentación del mundo del trabajo, dado que la reconstrucción de la unicidad del sujeto social, los trabajadores asalariados, está subordinada a la capacidad política de partidos y sindicatos para elaborar plataformas que armonicen el objetivo democrático con la defensa y desarrollo de las políticas socio-laborales protectoras propias del período de sustitución de importaciones y regímenes democrático-populistas y socialistas (1945-1973). En este período, la política y el mundo del trabajo son los ejes articuladores de las investigaciones laborales. El tercer período se inicia a finales de los años ochenta, cuando se inicia una larga fase de procesos de ajuste estructural, privatizaciones y globalización de la economía a escala internacional, que generan una segmentación de las estructuras productivas con fuerte impacto sobre los trabajadores (subempleo y precarización) y sobre los empresarios (construcción de sistemas económicos de productividad media baja con marginamiento de segmentos de empresa pequeños y medianos, y hegemonía del capital concentrado extranjero y local). En esta fase la sociología del trabajo prioriza el estudio de los comportamientos de los asalariados frente a las economías de mercado y las transformaciones en las empresas. Las políticas laborales públicas pierden su autonomía frente a la economía, como parte del fenómeno de subsidiariedad del Estado frente a los grandes grupos económicos. La sociología del trabajo, por lo tanto, abandona la crítica al capitalismo; su función parecería concentrarse en encontrar caminos para que los trabajadores definan sus nuevos roles en función de regular las economías de mercado (Abramo y Montero, 2000).

La temática del trabajo es introducida en las ciencias sociales y la política en América Latina como parte de las teorías del desarrollo. La sociología del trabajo llega a esta región a propósito de la formación de la clase obrera moderna y su organización en sindicatos y partidos afines. El paradigma desarrollista de la Comisión de Estudios para América Latina de las Naciones Unidas (CEPAL) es el marco teórico de esos estudios, incluidos los estudios marxistas (dada la estrategia de revolución democrática burguesa industrialista de los partidos comunistas). De este modo, los estudios sobre la clase obrera y el movimiento obrero se concentran en una fuerza emergente, producto de la industrialización y urbanización, que necesita para su consolidación político-laboral apoyar al actor central del desarrollo: el Estado. Esta es la institución política capaz de movilizar los recursos económico-financieros para montar la industria pesada y liviana. El estado populista es sinónimo de democracia popular (Zapata, 1995). El empresariado local es considerado como actor secundario. Por lo tanto, los primeros estudios de sociología del trabajo en la región se concentran en las actitudes y comportamientos políticos de los trabajadores en empresas públicas, o la relación de los sindicatos con el Estado (Rodríguez, 1970). La preocupación política de esos autores es aportar a la formación de una consciencia obrera moderna en trabajadores provenientes de medios rurales, en un contexto de industrialización débil y tardío. La clase obrera en formación es subalterna porque es producto de una sociedad en transición, todavía signada por valores agrario-tradicionales (Paoli, Vera Telles y Sader, 1984).

Como se ha señalado en la década de los setenta la nueva polarización en la región es entre democracia y dictadura. Esta polaridad sobredetermina incluso al proceso de modernización capitalista propuesto por la CEPAL. El paradigma estructural-determinista productivista deja de tener vigencia en el momento en que las dictaduras definen el fin de los proyectos populistas y originan una crisis cultural por la debacle de las ideologías nacional-desarrollistas. La modernidad asociada al desarrollo productivo es cuestionada. El Estado pierde su función de articulador y organizador de bloques democráticos con participación del movimiento obrero. La respuesta desde la sociología del trabajo es interesante: es necesario descartar el determinismo y reconstruir desde la política los sujetos sociales: es el comienzo de la instalación del pensamiento de Gramsci en América Latina. Entre los principales autores de esta época se destacan Wefort, Delich, Murmis y Portantiero, Torre y Campero y Valenzuela. Los estudios privilegian a la clase obrera como actor social autónomo y la espontaneidad como factor central en movilizaciones y huelgas. La sociología del trabajo va a la fábrica pero no tanto para estudiar los procesos de trabajo, sino para analizar las posibilidades de reconstrucción del movimiento sindical en un contexto de represión institucional. El autoritarismo empresarial es explicado más como un producto de la asociación de los empresarios con las dictaduras que como el resultado del disciplinamiento inherente a la empresa capitalista. Brasil, donde el proceso de industrialización está en pleno desarrollo en condiciones políticas autoritarias, es el lugar donde se descubre a la fábrica como el lugar de construcción de una subjetividad obrera clasista y democrática. El binomio dominación/ resistencia es localizado en la fábrica, retomando así en forma original la antigua tesis leninista sobre el potencial revolucionario de los trabajadores de grandes empresas, o la concepción de la hegemonía obrera de Gramsci, basada en la experiencia de los Consejos de Fábrica en Turín. Esta vía política de investigación abre a su vez la vía de estudio de las condiciones de trabajo y del impacto tecnológico sobre los trabajadores, en tanto ello permite fundar en la lucha por reivindicaciones laborales la acción sindical. Estudios pioneros sobre estos temas se encuentran en Catalano y Novia (1992). Sin embargo, la irrupción del desempleo, el subempleo y el trabajo precario también moviliza las investigaciones sobre la dialéctica entre mercado de trabajo, economía y sociedad, especialmente a través de estudios de OIT/PREALC. Comienza un proceso de renovación de la cultura sindical, sintetizado en la estrategia sindical de "objetivos múltiples" y en los primeros esbozos de "sindicalismo socio-político".

A mediados de la década de los ochenta las dictaduras militares comenzaron a desaparecer. Los procesos de transición democrática en la mayoría de los países latinoamericanos han sido resultado de la combinación entre a) el objetivo de EE.UU. de profundizar la presión sobre derechos humanos y libertades políticas sobre los países del Pacto de Varsovia en Europa, que finalmente fueron factores decisivos en la crisis y descomposición del llamado socialismo real, como parte integrante de una estrategia global de establecimiento de democracias políticas liberales en el mundo, y b) el agotamiento de las dictaduras militares en diversos países por la pérdida de legitimidad interior por la aplicación de políticas económicas con fuerte exclusión social y la persistencia de la represión política a la oposición democrática.

Pero es un retorno a la democracia en esta región en un contexto signado por la deuda externa, la globalización de la economía, la demanda de los EE.UU. de instaurar en las Américas una zona de libre comercio y los cambios en los patrones de competitividad por el impacto de las nuevas tecnologías de procesos y productos en países retrasados tecnológicamente y productores de materias primas. De este modo, los intereses de la sociología del trabajo pasarán a localizarse en el definitivo abandono de los modelos de sustitución de importaciones, los efectos económicos, sociales y culturales de los procesos de ajuste estructural y de la reconversión productiva, la "extranjerización" del sistema de empresas, las privatizaciones de empresas públicas y la crisis del taylorismo y los sistemas de protección social y laboral. Lo político como fundamento nacional-estatal pierde significación y emerge el neoliberalismo como nuevo fundamento de la política. El movimiento sindical en los países de la región, en particular el agrupado en la ORIT-CIOSL, avanza hacia la búsqueda de nuevos modelos económicos que sinteticen la necesidad de la apertura y la integración con modelos económicos de "economía mixta integrada" (básicamente economías de mercado reguladas y reindustrializadas según patrones de competitividad y productividad), con reedificación del Estado como agente de planificación indicativa y con políticas laborales de objetivos múltiples. El llamado sindicalismo socio-político, propuesto por ORIT-CIOSL, se expande en los países de la región, incorpora a nuevas centrales sindicales de orientación socialista genérica (entre ellas, la poderosa Central Unica de Trabajadores – CUT de Brasil) y de posiciones afines al social-liberalismo progresista. La Central Latinoamericana de Trabajadores (CLAT), miembro de la Confederación Mundial del Trabajo (CMT), de orientación social-cristiana, abandona su posición a favor de posiciones autogestionarias, y pasa a formular una estrategia de construcción de "economía social de mercado", según los patrones de la democracia cristiana europea. De este modo, el sindicalismo socialcristiano intenta dar cuenta de los cambios producidos en el mundo del trabajo por el impacto de la globalización y los nuevos paradigmas productivos. El desplome del socialismo real provoca una crisis cultural y política en el sindicalismo de orientación comunista en la región, que busca compatibilizar su adhesión al socialismo cubano con posiciones afines al "socialismo de mercado", al tiempo que busca preservar alianzas en países de Africa y Asia y restablecer vínculos con China. La Federación Sindical Mundial, de orientación comunista, ve reducidos sus efectivos en la mayoría de los países latinoamericanos.

La economía consolida su primacía en la región sobre la política. Pero se trata de una economía de modernización segmentaria, que por un lado obliga a los gobiernos democráticos a buscar la capacidad competitiva y la inserción en la economía mundial pero con mercados de trabajo diferenciados (según prioridades de productividad) y una creciente exclusión social. La economía deja de ser economía política y se convierte en sistema de libre mercado, incluyendo ahora al precio de la fuerza del trabajo: la flexibilización laboral es la herramienta del libre mercado para la fijación de salarios y condiciones de trabajo. El keynesianismo y el marxismo son considerados en los medios del pasado como obsoletas teorías del pasado. La economía es dirigida por las decisiones de las empresas privadas líderes. El actor privilegiado son los empresarios "transformados" o "globalizados", mientras que pasan a ser estigmas de ineficiencia y corrupción el "Estado burocrático-empresario" y los sindicatos.

La Sociología del Trabajo en la región produce un doble movimiento de adaptación a la globalización: por un lado, desarrolla nuevos enfoques y técnicas empíricas para estudiar a los empresarios como actores privilegiados, por otro los escenarios productivos (empresas transformadas, redes de empresas, cambios en la organización del trabajo y en los sistemas de calificaciones y competencias, etc.) y sus relaciones conflictivas con la política y las culturas en transformación del mundo del trabajo (De la Garza, Carrillo y Zapata, 1993). El nuevo enfoque en la sociología del trabajo inaugura una relación intensa de esa disciplina con la economía, la administración de empresas y la ingeniería industrial. La temática del empleo es incorporada como parte de la temática del trabajo, en el sentido que sólo una ampliación de la estructura productiva con la creación de empresas puede resolver el dilema de la desocupación, dado que ahora los desocupados no sólo son trabajadores asalariados sino también pequeños y medianos empresarios que no pueden competir y quiebran en las economías nacionales abiertas y al mismo tiempo integradas en espacios de integración subregional y en zonas o acuerdos multi-bilaterales de libre comercio.

Durante todo el siglo XX predominó en la teoría política y en las doctrinas económicas la tesis de estudiar al trabajo a partir del progreso técnico. El trabajo se basaba en la base técnica. Las implicaciones de la tecnología en el trabajo eran necesarias e irreversibles. A partir de los setenta la tercera revolución tecnológica aplicada a los procesos de trabajo ha fortalecido esa posición teórica. Pero este nuevo impulso del determinismo tecnológico, paradójicamente, se ha producido junto a la crisis de los modelos económico-políticos que con más fuerza lo impulsaron, eso es, las economías de planificación indicativa (keynesianismo) y de planificación central (socialismo real), ambos modelos fundados en la idea de que la tecnología aplicada permitía incrementos en la productividad y en los volúmenes de la producción, las premisas materiales para el bienestar social. Sobre esas premisas planificadoras se desarrollan los sistemas laborales, la negociación colectiva y las políticas públicas de protección social y salud, como mecanismos de redistribución del ingreso. Las políticas progresistas entre 1950 y 1975 habían estado fascinadas por la sociedad industrial: los trabajadores se liberarían por y a través del control del progreso técnico (Da Silva y Leite, 2000).

A principios de la década del ochenta —en los inicios de la globalización y flexibilización de los mercados de trabajo— se abren dos líneas de estudio sobre la relación entre economía y relaciones técnicas del trabajo: una, que se articula sobre el impacto sobre el trabajo y las empresas de los mercados y las nuevas tecnologías; otra que se articula sobre los cambios en las relaciones sociales del trabajo y que se propone localizar los nuevos conflictos generados por el choque de intereses entre trabajadores y empresarios en las empresas transformadas. Ambas líneas de pensamiento sociolaboral se conectan con la política de distintos modos: mientras que la primera propone redefinir lo político según los cambios en los mercados y la empresa, la segunda redefine la potencia de lo político por su capacidad de dotar de contenidos sociolaborales a los conflictos que permitan acelerar las transformaciones productivas en las empresas y, al mismo tiempo, actualizar programáticamente a los actores sociales (Novick, 2000).

De hecho, las nuevas líneas de pensamiento sociolaboral, al reconocerse en un escenario económico común determinado por la modernización capitalista segmentada y la aceptación cultural de este tipo de modernización por los sectores populares, dan por finalizado un largo ciclo de ilusiones basado en la modernización desarrollista y en la imagen ideal de una clase obrera que se definía más por sus carencias que por su especificidad latinoamericana (Sader y Paoli, 1986).

En la década de los ochenta se inicia un corte profundo en las culturas sindicales: el populismo, la doctrina política con que se legitimaba al desarrollismo es criticada por su fracaso, y el sindicalismo comienza la búsqueda de una nueva identidad político-cultural, asimilando nuevas ideas del sindicalismo de los países avanzados, pero buscando adoptarlas a las culturas locales, incluidos los valores y símbolos de las culturas nacional-populares y del marxismo-leninismo. Ese corte en las culturas sindicales —cuyo epicentro se localiza en el joven movimiento sindical brasileño— legitima las nuevas líneas mencionadas del pensamiento sociolaboral, al tiempo que reclama el apoyo técnico a los especialistas. En estos años se inicia un fructífero proceso de vinculación entre la sociología del trabajo y los sindicatos, que adopta variadas modalidades, entre ellas: formación o renovación de los antiguos partidos socialistas que incluyen una visión moderna del mundo del trabajo (por ejemplo, el PT en Brasil, el Partido Socialista en Chile y Uruguay, etc.); programas de cooperación para investigaciones sociolaborales aplicadas y capacitación sindical entre centros de investigación universitarios y sindicatos, e inicio de la creación de centros o departamentos especializados en la elaboración de políticas laborales; y capacitación dentro de los sindicatos de rama y centrales sindicales nacionales (Portela y Wachindorfer, 1995).

Como hemos comentado, estos procesos de renovación sindical —que desembocan en la categoría de sindicalismo socio-político— se desarrollan en el difícil contexto político determinado por las dictaduras militares. Es un período rico y provechoso por el gran número de investigaciones sobre el mundo del trabajo, que incorporan nuevos temas y enfoques (Da Silva y Leite, 2000): estrategias empresariales de organización del trabajo y administración de la mano de obra, de la segmentación y precarización en los mercados de trabajo, de la división social y sexual de la fuerza laboral, de la yuxtaposición de antiguas y nuevas formas de resistencia de los trabajadores, de las culturas y la historia del trabajo en la región y de la definición del sindicalismo político. Las cuestiones de la reestructuración productiva y la producción flexible comienzan a predominar dentro de las prioridades sindicales y de la sociología del trabajo. El peligro para los sindicatos era ahora la adaptación a la nueva cultura empresaria en la región, que se nutría de la "revolución conservadora" y su triunfo sobre el comunismo. El "post fordismo", el "modelo japonés", la "especialización flexible", el *lean production* o "distritos industriales", respondían a la realidad mundial de la "autorrevolución del capital" y debían ser colocados en el centro de investigaciones sociolaborales y en la política, pero se corría el riesgo de aceptar lo que estaba oculto detrás de esas nuevas ideas, a saber: la aceptación de la implantación de formaciones económico-sociales capitalistas dependientes y segmentadas con democracias "grises" o controladas, y la desarticulación de los movimientos obreros a favor del individualismo, en detrimento de las culturas de la solidaridad. En pocas palabras, la verdad de la "autorrevolución del capital" era también portadora de la buena nueva de la extensión forzada y burda a nuestras sociedades del "*american way of life*", la aceptación como propia por las sociedades latinoamericanas del "Destino Manifiesto" y la subordinación incondicional a los EE.UU. asentada en la ilusión de la prosperidad prometida por la creación de una única zona de libre comercio en las Américas.

Las concepciones políticas organizadas a partir de los paradigmas desarrollistas o de la planificación central soviética colapsaron. Se abre una época histórica de disputa sobre qué paradigma científico da cuenta del núcleo de la llamada nueva economía y sociedad de la información. ¿La nueva lógica de la producción dará lugar a un mundo más igualitario con crecimiento sostenido o, en cambio, a la construcción de un poder económico supranacional generador de profundas desigualdades laborales en regímenes de propiedad y distribución concentrados? Se replantea así, a nivel latinoamericano, la lucha entre paradigmas que hemos planteado en las conclusiones de este texto.

El proceso de construcción del nuevo paradigma científico de la reestructuración productiva se está construyendo eliminado el control sociolaboral sobre el capital. Predominan los criterios sobre la inevitable presión financiera sobre el desempeño industrial, las políticas liberales excluyen compromisos estables con los trabajadores a favor de la redistribución de ingresos, la reorganización productiva, que modifica la organización y contenidos del trabajo, se desarrolla sin una redefinición positiva de las relaciones con los sindicatos (Zalifian, 1996). Las presiones competitivas fortalecen las tendencias empresarias para debilitar los sindicatos e imponer salarios bajos y bajar los costos de rotación del personal. En este escenario contradictorio se desarrolla hoy la Sociología del Trabajo en América Latina.

BIBLIOGRAFÍA

Abramo, Laís y Cecilia Montero, "Origen y evolución de la sociología del trabajo en América Latina", en Enrique de la Garza Toledo (comp.) *Tratado latinoamericano de sociología del trabajo*, México, Fondo de Cultura Económica, 2000.

Aglietta, Michel, *Regulación y crisis del capitalismo. La experiencia de los Estados Unidos*, Madrid, Siglo XXI, 1979.

Albert, Michel, *Capitalismo contra capitalismo*, Buenos Aires, Paidós, 1992.

Aoki, M., *La estructura de la economía japonesa*, México, Fondo de Cultura Económica, 1990.

Bagnasco, A., *Tre Italie: La problemática territoriale dello sviluppo italiano*, Bolonia, Il Mulino, 1977.

Barnard, Chester, *The Funcions of the Executive*, Boston, Harvard University Press, 1968.

Basceta, Marco, Nueva servitú, *La Talpa, Manifesto libri, 1994.*

Béaud, Stéphane y Piaioux, Michel, "La clase obrera en el año 2000", en *Le Monde Diplomatique*, año 1, n° 12, Buenos Aires, 2000 (publicación en español).

Becker, Gary, *El capital humano. Un análisis teórico y empírico referido fundamentalmente a la educación*, Madrid, Alianza, 1983.

Benstein, Jorge, *La larga crisis de la economía global*, Buenos Aires, Corregidor, 1999.

Berthelot, Jacques, "El debate agrícola Norte-Sur", en *Le Monde Diplomatique*, año 1, n° 11, 2000.

Bidet, Jacques, *Teoría de la modernidad*, Ediciones El cielo por asalto, Buenos Aires, 1993

Bidet, Jacques, "La ultramodernidad, topología de una alternativa en la hegemonía norteamericana", *Actuel Marx*, Kohan Asociados n° 3, Buenos Aires, 2000.

Bidet, Jacques y Texier, Jacques (comps.), *El futuro del socialismo*, Buenos Aires, Letra Buena – El Cielo por Asalto, 1992.

Bidet, Jacques y Texier, Jacques (dirs.), *Nuevos modelos de socialismo*, Buenos Aires, Actuel Marx y Kohan Asociados, 1994.

Bourdieu, Pierre y Wacquant, Loïc, "Una nueva vulgata planetaria", en *Le Monde Diplomatique*, Buenos Aires, año 1, n° 11, 2000

Bowless, Paul y Dong, Xiao-Yuan, "Exitos actuales y futuros desafíos en las reformas económicas de China", en *Nuevos modelos del socialismo*, Actuel Marx, Buenos Aires, 1998.

Boyer, Robert (comp.), *La flexibilización del trabajo en Europa*, Madrid, Ministerio del Trabajo y Seguridad Social, 1986.

Braverman, Harry, *Labour and Monopoly Capital. The Degradation of Work in the Twentieth-Century*, Monthly Review Press, New York, 1974.

Callon, M. "Réseaux tecno-économiques et irreversibilités", en B. Boyer, y O. Godard (comps.), *Les figures de l'irreversibilité en économie*, París, École des Hautes Études en Sciences Sociales, 1991.

Candia, Miguel, "Crisis del trabajo, ¿derrota obrera o revolución tecnológica?", en *Nueva Sociedad* n° 166, Caracas, 2000.

Capland, Douglas, *Generation X. Tales for an Accelerated Culture*, Nueva York, St. Martin Press, 1991.

Carrillo, Jorge, "Maquiladoras automotrices en México: Clusters y competencias de alto nivel", en M. Novick y M.A.Gallar (comps), *Competitividad, redes productivas y competencias laborales*, OIT/CINTERFOR, 1997.

Carrillo, Jorge y Consuelo Iranzo, "Calificación y competencias laborales en América Latina", en Enrique de la Garza Toledo (comp.), *op. cit.*

Casalet Ravenna, Mónica "Redes empresariales y la constitución del Estado: muevas instituciones e identidades", en Enrique de la Garza Toledo (comp.), *op. cit.*

Cassen, Bernard, "La asociación contra la especulación financiera", *Le Monde Diplomatique*, Buenos Aires, n° 3, 1999.

Castells, Manuel, *La era de la información: economía, sociedad y cultura,* Madrid, Alianza, 1999.

Castillo, Juan José Castillo, "La sociología del trabajo hoy: la genealogía de un paradigma", en Enrique de la Garza Toledo (comp.), *op. cit.*

Catalano, A.M. y M. Novick, "Relaciones laborales y sociología del trabajo: A la búsqueda de una confluencia", *Sociedad,* Buenos Aires, n. 1, 1992.

CIOSL, *Globalización de la Justicia Social, el sindicalismo en el siglo XXI,* Durban, XVII Congreso de CIOSL, 2001.

CIOSL-ORIT, *Empleos decentes, sociedades justas, sindicatos fuertes,* XV Congreso de CIOSL-ORIT, Washington, 2001

Clarke, Thomas y Monkhouse, Elaine, *Replantearse la empresa,* Folio, Barcelona, 1994.

Cohen, Michael y James March, *Leadership and Ambiguity: The American College President,* Boston, Harvard University Press, 1986.

Comisariado General del Plan "Le Travail dans 20 ans", París, Odile Jacob / La Documentation Française, 1995.

Coriat, Benjamín, *El taller y el cronómetro,* México, Siglo XXI, 1981.

Coriat, Benjamín, *L'atelier et le robot,* París, Cristian Bourgeois, 1990.

Critcher, Chas, "Sociology, cultural studies and the post-war working class", en J.Clarke, C.Critcher y R.Johnson (comps.), *Working-class Culture Studies in History and Theory,* Nueva York, St.Martin's, 1979.

Cyert, Hichard y James March, *Teoría de las decisiones económicas de la empresa,* México, Herrero, 1964.

Dahrendorf, Ralph, "El gran debate", *El País,* Madrid, 16/7/2000.

Daly, Herman E., "Criterios operativos para el desarrollo sostenible", en *Crisis ecológica y sociedad,* Madrid, CC.OO., Colección Arcadia, 1997.

Da Silva, Roque Aparecido y Marcia de Paula Leite, "Tecnología y cambio tecnológico en la sociología del trabajo", en Enrique de la Garza Toledo (comp.), *op. cit.*

Deal, T.E. y A.A. Kennedy, *Culturas corporativas: Ritos y rituales de la vida organizacional,* México, Legis, 1986.

De la Garza Toledo, Enrique, "El papel del concepto de trabajo en la teoría social del siglo XX", en *Tratado Latinoamericano de Sociología del Trabajo,* E. de la Garza Toledo (coord.), México, FCE, 2000 (citado como De la Garza Toledo 2000a).

De la Garza Toledo, Enrique, "La flexibilidad del trabajo en América Latina", en Enrique de la Garza Toledo (comp.), *op. cit.* (citado como De la Garza Toledo 2000b)

De la Garza, E., J. Carrillo y F. Zapata, "Reestructuración productiva y respuesta sindical en América Latina 1982-1993", *Sociología del Trabajo,* México, n. 19, 1993.

De la Garza, E., J. Carrillo y F. Zapata, "Los estudios sobre el trabajo en México", *Revista de Trabajo,* México, n. 8, 1995.

Devine, Fiona, *Affluent Workers Revisited. Privatism and the Working Class,* Edimburgo, Edinburgh University Press, 1992.

Dierckysens, Wim, *Los límites del capitalismo sin ciudadanía,* Colección Universitaria, Costa Rica, 1998.

Drucker, Peter, *La sociedad postcapitalista,* Barcelona, Apóstrofe, 1998.

Fairbrother, P., *Flexibility at Work,* Londres, Worker´s Educational Association, 1988.

Fanjul, Enrique, *Revolución en la Revolución China: del maoísmo a la era de la reforma,* Madrid, 1994.

Fitoussi, Jean-Paul, *El debate prohibido. Moneda, Europa, pobreza,* Paidós, Buenos Aires, 1996.

Fitoussi, Jean-Paul, "La Bolsa o el empleo", *El País,* Madrid, 10/6/2001.

Freeman, C., *Unemployement and Technical Innovation,* Londres, Frances Pinter, 1982.

Friedman, George y Pierre Naville, *Tratado de sociología del trabajo,* México, Fondo de Cultura Económica, 1971.

Freyssenet, M., *La division capitaliste du travail,* París, Savelli, 1977.

Fukuyama, Francis, *El fin de la historia y el último hombre,* Buenos Aires, Planeta, 1992.

Gambina, Julio C., "La deuda externa y la Constitución de ATTAC", *Desarrollo Económico* n° 165, Buenos Aires, 1999.

Gautie, Jerome, "De la invención del empleo a su deconstrucción", en J. Gautie y Julio Neffa: *Desempleo y políticas de empleo en Europa y Estados Unidos*, Lumen Humanitas, Buenos Aires, 1998.

Giddens, Anthony, *La tercera vía*, Taurus, Madrid, 1999.

Godio, Julio, *El mundo en que vivimos*, Buenos Aires, Corregidor, 2000.

Goldthorpe, John, *The Affluent Worker in the Class Structure*, Cambridge, Cambridge University Press, 1969.

Gorz, André, *Les chemins du paradis. L'agonie du capital*, París, Galilée, 1983.

Gorz, André, *La société en sablier*, París, Gallimard, 1996.

Gorz, André, *Miserias del presente, riquezas de lo posible*, Paidós, Buenos Aires, 1998.

Granovetter, M., "Economic Action and Social Structure: The Problem of Embededness", en *American Journal of Sociology*, n. 3, 1985.

Guadarrama Olivera, Rocío, "La cultura laboral", en Enrique de la Garza Toledo (comp.), *op. cit.*

Hirsch, J. et al., *Estudios sobre el Estado y la reestructuración capitalista*, Buenos Aires, Cuadernos del Sur, 1992.

Hobsbawm, Eric, "El final del socialismo", en *Nuevos modelos del socialismo*, Actuel Marx, Buenos Aires, 1998.

Huntington, Samuel, *El choque de civilizaciones y la reconfiguración del orden mundial*, Paidós, Buenos Aires, 1997.

Ibarra Colado, Eduardo, "Teoría de la organización, mapa conceptual de un territorio en disputa", en Enrique de la Garza Toledo (comp.), *op. cit.*

Ingrao, Pedro y Rossana Rossanda, *Appuntamenti di fine secolo*, Roma, Manifesto libri, 1995.

Kern, H. y M. Schumann, *El fin de la división del trabajo*, Madrid, Ministerio del Trabajo y Seguridad Social, 1989.

Kerr, Clark, *Labour markets and Wage Determination*, Los Angeles, University of California Press, 1954.

Krugman, Paul, *De vuelta a la economía de la Gran Depresión*, Barcelona, Grupo Editor Norma, 1999.

Likert, Rensis, *New Patterns of Management*, Nueva York, McGraw-Hill, 1961.

Lipovetsky, Gilles, *Le crépuscule du devoir*, París, Gallimard, 1992.

Litterer, Joseph, *The Emergence of Systematic Management as Shown by the Literature of Management from 1870 to 1900*, Urbana, 1959.

Locke, John, *Dos ensayos sobre el gobierno civil*, Madrid, Espasa-Calpe, 1997.

Macciochi, María, *Gramsci y la revolución de occidente*, México, Siglo XXI, 1977.

Mallet, Serge, *La nueva clase obrera*, Madrid, Tecnos, 1976.

Maréchal, Jean-Paul, "La biodiversidad asimilada a una mercancía", en *Le Monde Diplomatique*, año 1, n° 6, 1999.

Marglin, S., "Orígenes y funciones de la parcelación de tareas. ¿Para qué sirven los patrones?", en André Gorz (comp.), *Crítica de la división del trabajo*, Barcelona, Ediciones de Bolsillo, 1977.

Marshall, A., *Principios de economía política*, Madrid, Aguilar, 1963.

Mayo, Elton, *Problemas humanos de una civilización industrial*, Buenos Aires, Nueva Visión, 1972.

Medina Castillo, José, *Tecnología, medio ambiente y trabajo*, Málaga, Universidad de Málaga, Estudios y Ensayos, 1995.

Mertens L. y L. Palomares, "Competencia laboral. Sistemas, surgimiento y modelos", Montevideo, OIT/Polform-CINTERFOR, 1996.

Miller, Steven E, *Civilizying Cyberespace. Policy, Power and the Information Supremacy*, Nueva York, Addison Wesley, 1996.

Mills, Albert y Tony Simmons, *Reading Organizational Theory: A Critical Approach*, Toronto, Garamond Press, 1995.

Neffa, J.C., *El proceso de trabajo y la economía del tiempo*, Buenos Aires, Humanitas, 1990.

Negri, Antonio, *Del obrero masa al obrero social*, Barcelona, Anagrama, 1980.

Negri, Antonio, *El poder constituyente. Ensayos sobre las alternativas de la modernidad*, Libertarias/Prodhufi, Madrid, 1994.

Nolte, Ernst, *La guerra civil europea. 1917-1945*, México, FCE, 1987.

Novick, Martha, *Condiciones de trabajo en América Latina*, Buenos Aires, CLACSO-CONICET, 1987.

Novick, Martha, La transformación de la organización del trabajo, en Enrique de la Garza Toledo (comp.), *op. cit.*

Novick, M. y A. Catalano, "Reconversión industrial y relaciones laborales en la industria automotriz argentina", *Estudios de trabajo* n. 11, 1996.

Novick, M. y C. Senén González, "La heterogeneidad sectorial en la vinculación entre cambio tecnológico y calificaciones. Algunos comentarios", *Lecturas de Educación y Trabajo* n. 3, Campinas, 1994.

Nun, José, *Democracia: ¿Gobierno del pueblo o gobierno de los políticos?*, Buenos Aires, Fondo de Cultura Económica, 2000.

Offe, C., "Two logics of collective action", en *Political Power and Social Theory,* JAI Press, 1980.

OIT, *Trabajo decente y protección para todos. Prioridad de las Américas,* Lima, OIT, 1999.

Osterman, Paul (comp.), *Los mercados internos del trabajo,* Madrid, Ministerio del Trabajo y la Seguridad Social, 1988.

Paoli, M.C. Vera Telles y E. Sader, "Pensando a classe operaria: os trabalhadores sujeitos ao imaginario academico", *Revista brasileira de historia,* n. 6, 1984.

Peters, Tom y Robert Waterman, *En busca de la excelencia,* México, Lasser Press, 1982.

Petiella, Angel, "Notas sobre la globalización", en *Realidad Económica* n° 169, Buenos Aires, 2000.

Petrela, Ricardo, "La desposesión del Estado", en *Le Monde Diplomatique,* año 1, n° 9, 2000.

Piore, M. y C. Sabel, *La segunda ruptura industrial,* Madrid, Alianza, 1990.

Portela, S. y A. Wachendorfer (comps.), *Sindicalismo latinoamericano, entre la renovación y la resignación,* Caracas, Nueva Sociedad, 1995.

Pries, Ludger, *Hacia una sociología del empleo,* Puebla, El Colegio de Puebla, 1992.

Reich, Robert, *El trabajo de las naciones. Hacia el capitalismo del siglo XXI,* Buenos Aires, Vergara, 1992.

Reskin, Bárbara y Heidi Hartmann (comps.), *Women's Work, Men's Work – Sex Segmentation on the Job,* Washington DC, National Academy Press, 1986.

Richardson, G.B., "The organization of industry", *The Economic Journal*, n. 82, 1972.

Rifkin, Jeremy, *El fin del trabajo*, Buenos Aires, Paidós, 1996.

Rifkin, Jeremy, *El siglo de la biotecnología*, Barcelona, Crítica-Marcombo, 1999.

Rifkin, Jeremy, *La era del acceso La revolución de la nueva economía*, Buenos Aires, Paidós, 2000

Ritcha, R., *La civilización au carrefour*, París, Anthropos, 1974.

Rivero, Osvaldo, "Las entidades caóticas ingobernables", *Le Monde Diplomatique*, n° 3, Buenos Aires, 1999.

Rodgers, Gerry y Janine Rodgers (comps.), *Precarious Jobs in Labour Market Regulation*, Ginebra, IILS, 1989.

Rodgers, Sue, *Temps et ordre social*, París, PUF, 1994.

Rodrigues, L.M., *Industrializacão e atitudes operárias*, Sao Paulo, Brasiliensse, 1970.

Roethlisberger, Fritz y William Dickson, *Management and the Worker*, Boston, Harvard University Press, 1976.

Rojas, E. y A. Proietti, "La sociología del trabajo: los dilemas de superar la ilusión y acceder a la crítica", en *La sociología del trabajo*, Buenos Aires, CEAL, 1992.

Ruffolo, Giorgio, "¿Cuál es la alternativa a la ocupación plena?", *La Ciudad Futura* n° 44, Buenos Aires, 1995

Sader, E. y M. Paoli, "Sobre 'classes populares' no pensamiento sociológico brasileiro", en R. Cardoso (comp.) *Aventura antropológica*, Rio de Janeiro, Paz e Terra, 1986.

Santiago, C.A. y E. Planell Larrinaga, *Reestructuración productiva, cambio tecnológico, género y sindicalismo en América Latina*, San Juan, Universidad de Puerto Rico, 1996.

Schumpeter, Joseph, *Capitalismo, socialismo y democracia*, México, Aguilar, 1961.

Sengerberger, Werner, "Dinámica de la segmentación del mercado de trabajo", en *Lecturas sobre el mercado de trabajo en la República Federal de Alemania (I)*, Madrid, Ministerio del Trabajo y la Seguridad Social, 1988.

Sennett, Richard, *La corrosión del carácter. Las consecuencias personales del trabajo en el nuevo capitalismo*, Barcelona, Anagrama, 1998.

Spyropoulos, Georges, "Condiciones de trabajo, productividad y selección de tecnología", *Seminario sobre productividad y política de empleo*, Madrid, Ministerio de Trabajo y Seguridad Social, 1980.

Sukup, Víctor, *Europa y la globalización*, Corregidor, Buenos Aires, 1998.

Supervielle, Marcos y Luis Stolovichs, "El sociólogo del trabajo en las empresas", en Enrique de la Garza Toledo (comp.), *op. cit.*

Swedberg, R. (comp.), *Explorations in Economic Sociology*, Nueva York, Russell Sage Foundation, 1993.

Tanguy, I., "La formation, une activité sociale en voie de definition?", *Traité de sociologie de travail*, Bruselas, Ouvertures sociologiques, 1994.

Taylor, Frederick, *Scientific Management*, Nueva York, Harper and Brothers, 1972.

Thompson, E.P., *La formación histórica de la clase obrera en Inglaterra (1780-1832)*, Barcelona, Laia, 1977.

Thurow, Lester, *La guerra del siglo XXI*, Vergara, Buenos Aires, 1992.

Thurow, Lester, *The Future of Capitalism*, New York, William Morrow, 1995.

Toffler, Alvin y Heidi Toffler, *Creating a New Civilization. The Politics of the Third Wave*, Washington DC, Progress & Freedom Foundation, 1994.

Touraine, Alain, *La sociedad postindustrial*, Barcelona, Ariel, 1973.

Touraine, Alain, *¿Podremos vivir juntos?*, Buenos Aires, Fondo de Cultura Económica, 1997.

Toussaint, Eric, "Quebrar el círculo infernal de la deuda", en *Le Monde Diplomatique*, año 1, n° 3, 1999

Trice, Harrison, *Occupational Subcultures in Workplace*, Ithaca, Cornell University Press, 1993.

Turner, Barry (comp.), *Organizational Symbolism*, Berlin, Walter de Gruyter, 1990.

Vargas Valente, Virginia, "Disputando el espacio global", en *Nueva Sociedad* n° 141, Caracas, 1996.

Vazelle, Elnora M., "American Equipment Companies Should Consider the International Arena", *Business America*, junio 1993.

Villavicencio, Daniel, "Economia y sociología: historia reciente de una relación conflictiva discontinua y recurrente", en Enrique de la Garza Toledo (comp.), *op. cit.*

Walras, I., *Elements of Pure Economics*, Londres, G.A. and Unwin, 1954.

Weick, Karl, "Edutacional organizations as loosely coupled systems", en *Administrative Science Quarterly*, n. 21, 1976.

Welfort, F., *Sindicatos y política*, Sao Paulo, FELCH-USP, 1972.

Zald, Mayer (comp.), *Power in Organizations*, Nashville, Vanderbilt University Press, 1970.

Zarifian, P. "Eventos, autonomia et 'enjeux' na organização industrial", II Congresso Latinoamericano de Sociologia do Trabalho, 1996.

ÍNDICE

INTRODUCCIÓN 5

Capítulo I. NUEVA ECONOMÍA Y ECONOMÍA REAL:
LA REESTRUCTURACIÓN DE LAS EMPRESAS
Y LOS MERCADOS

1. La nueva economía como "era del acceso" 17
2. Un nuevo concepto de propiedad 25
3. La mercantilización de las relaciones humanas 31
4. La nueva cultura del capital 34
5. Las demandas de la economía real a la nueva
economía 40
6. Nueva economía y capital financiero especulativo 44
7. Nueva economía y reestructuración
de las empresas 54
8. El Estado-nación y la regulación
de los mercados de trabajo 58

Capítulo II. LA AUTORREVOLUCIÓN DEL CAPITAL
Y LAS TRANSFORMACIONES EN EL MUNDO
DEL TRABAJO

1. Fordismo y políticas empresarias:
convergencia y divorcio 69
2. Toyotismo: postfordismo y disciplina laboral 77

3. Salir de la sociedad salarial, entrar
   en la sociedad del trabajo 84

4. Reformular la relación entre mercado
   y planificación 90

5. Retraso de la política frente
   al mundo del trabajo 94

6. El concepto de ingreso social suficiente 98

7. Redistribuir el trabajo y liberar el tiempo 103

8. Nuevas políticas laborales y sindicales
   para una sociedad del trabajo 106

9. Recuperar y actualizar los valores humanistas
   y socialistas sobre el trabajo 117

10. Un enfoque político-laboral multifacético
    del sector informal 121

11. La cuestión del género y su impacto
    sobre el mundo del trabajo 123

12. Reducción de la jornada de trabajo,
    productividad y democracia en la empresa 128

13. Campesinos y trabajo: una convergencia original .. 132

14. Nuevos enfoques sobre ecología y mundo
    del trabajo 136

15. La cláusula social y los mercados 140

CAPÍTULO III. POLÍTICA Y SOCIOLOGÍA DEL TRABAJO:
              TEMAS CENTRALES Y ARTICULACIONES
              INTERDISCIPLINARIAS

1. El trabajo y la política 151

2. Surgimiento de la sociología del trabajo 164

3. Calificaciones, competencia y poder
   en la empresa 177

4. Las empresas y los sistemas laborales
   como productores de culturas 186

5. La teoría de la organización como territorio
   de disputa y cooperación 189

6. La cooperación interempresarial en red
   y la reestructuración sindical 196

CONCLUSIONES. LA SOCIOLOGÍA DEL TRABAJO
         Y LA LUCHA ENTRE PARADIGMAS
         CIVILIZATORIOS

1. La sociología del trabajo como tributaria
   de los mercados de trabajo 205
2. La sociología del trabajo y la economía:
   una relación concurrente 211
3. Sociología del trabajo, toyotismo
   y nueva economía 214
4. Los desafíos al sindicalismo y la contribución
   de la Sociología del Trabajo 217
5. Sociología del Trabajo: presente y futuro 220
6. Reflexiones finales para renovar la relación
   entre Política y Sociología del Trabajo 224

APÉNDICE. LA SOCIOLOGÍA DEL TRABAJO
         EN AMÉRICA LATINA. 231
BIBLIOGRAFÍA 243

Impreso en
A.B.R.N. Producciones Gráficas S.R.L.,
Wenceslao Villafañe 468,
Buenos Aires, Argentina,
en agosto de 2001.